忙しいパパのための子育てハッピーアドバイス

スクールカウンセラー・医者
明橋大二 著

イラスト 太田知子

1万年堂出版

はじめに

先日、あるお父さんが、言われました。

「子どもがかわいくて、かわいくて。毎日、仕事から帰ったら、子どものところに直行です」

その方は、仕事の都合で、子どもが三歳になるまで、妻子と別居を続けていました。ようやく同居するようになったと思ったら、この、のめりこみようです。

さらに驚《おどろ》いたのは、それまで続けていた社会人野球をすっぱりやめてしまったというのです。彼は、チームの四番打者で、毎日夜遅《おそ》くまで練習の日々でした。

「いいんですか？　みんな困っているでしょう」

「いいんです。私がいなくても何とかなります。それより仕事が終わったら、早く子どもに会いたくて……」
あまりの子煩悩《こぼんのう》ぶりに少々あきれながらも、こんなにお父さんに愛されて育つ子どもは、幸せだなあと思ったのでした。

ここ一、二年、父親の育児と仕事の両立を応援《おうえん》する動きは、社会に急速に広がりつつあります。

お父さんの
子育て推進は
経営にプラス！
93.1%

男性の育児休業取得者がいる企業《きぎょう》は、二年前の二四・九パーセントから五四・八パーセントに増え、父親の子育て推進は、「経営にプラス」とする企業《きぎょう》も、九三・一パーセントに上《のぼ》ります。いい人材を確保し、意欲を高め、生産性を上げるのに、有効な経営戦略と考えられ始めているのです。（日本《にほん》

経済新聞社《けいざいしんぶんしゃ》　ワークライフバランス調査〈平成十九年〉）

しかし、その一方で、多くの父親の実感は、リストラで人員が削《けず》られ、よけいに忙《いそが》しくなって、仕事だけでもういっぱいいっぱい、という声もよく聞かれます。また、気持ちはあっても、何を、どうすればよいのかわからない、という声も聞きます。父親の立場に立てば、子どもが生まれるまで、父親は、育児について、ほとんど教育を受ける機会がない、という現実があります。おじいさんを見て見習おうにも、これまた時代や状況《じょうきょう》が違《ちが》いすぎ、なかなかモデルにはなりえません。

そこで、今、パパとして奮闘中《ふんとうちゅう》の方、またこれからパパになろうとする人に、これだけは知っておいてほしい、ということを、『ハッピーアドバイス』シリーズの一つとして出すことにしました。

日々の診療《しんりょう》の中で、お母さんから聞いたお父さんへの期待、また、お父さんの素敵なアイデア、そして、私自身のささやかな経験（というか、失敗？）から、特に大切だと思うことを、まとめました。

子育てに関わることは、父親にとって、広くいえば、自分の生き方を見直す、大切なきっかけになります。

生き馬の目を抜《ぬ》く競争社会の中で、自分の力がどこまで通用するのか、数字や結果を追い続けるのも、男性として確かにやりがいのあることでしょう。

同時に、遊びとか、ゆとりとか、優劣《ゆうれつ》でなくありのままの価値を認めるとか、損得なしのつきあいとか、仕事とはまた別の喜びが、子育ての中には確かにあります。

子どもと関わる中で、父親自身がいやされ、それがまた明日へのエネルギーと

なり、仕事のアイデアにもつながる、そんなことも少なくありません。

子育てに関わることは、決して時間と労力を犠牲《ぎせい》にすることではなく、父親の人間性を豊かにし、幸せを与《あた》えてくれるものなのです。

この小著を、少しでも、今後の子育てに、家庭円満のために、役立てていただければ幸いです。

平成十九年十月

明橋《あけはし》 大二《だいじ》

忙しいパパのための子育てハッピーアドバイス

◆もくじ

もくじ

飛行機ブーン
ひぃっ ヨダレが……

もくじ

はぁ〜 疲れた〜
たまにはのんびり旅行でもしたいなぁ
職場が自分に合ってないよなぁ。でも妻や子のためにがんばらねば……
上司はいっつもムチャなことばかり言う!
今度こそ生き残りをかけた企画を……
あの患者さんどうしていいコラ……
ガタン
ゴトン
ゴトン
ガタン

13
妻を支え、元気にする言葉
妻に絶対に言ってはならない言葉 …… 74

14
妻の苦労をねぎらおうとしているのに、
なぜ、すれ違ってしまうのか …… 82
◆夫は、妻の本当に望んでいることを
わかっていません

15
妻の話を聞く①
男と女では、
話をする目的が少し違うことを
知っておきましょう …… 86
◆男の人は、用件を伝えることに重きが置かれますが、
女の人は、自分の気持ちを伝えることに重きが置かれます

私、疲れてるからいい
なんだよ！せっかく言ってやってるのにっ

もくじ

16
妻の話を聞く②
「黙る」という態度は、「無視された」という印象を与えてしまう …… 92
◆「反論できない」ことでも、リアクションをしたほうがよいのです

17
妻の話を聞く③
いきなり話を打ち切らない …… 98
◆延々と続いて、話が切れないとき、どうすればスムーズに話を終えることができるのでしょうか

18
妻の話を聞く④
解決策より、「そうだね」の共感の言葉が大切 …… 102
◆悩みに共感せず、解決策だけを言うと、うまくいきません

19
妻の話を聞く⑤
「でも……」「しかし……」などの、相手を否定する言葉を言わない　106

20
父親が、叱るべきときに、きちんと叱る　116
母親と子どもの関係のためにも、とても大切なことなのです

21
体罰は、子どもの成長にマイナス面が大きい　126
年老いた親に体罰を加える人には、子ども時代に体罰を受けた人が少なくありません

もくじ

自分だって、苦しい中がんばって仕事に行ってるんだ!!
子どもの仕事は学校へ行くことだろう!
仕事を一生懸命しているおれをそっちのけにして学校へ行かない子どもにかかりっきりになるなんてどういうことだ!!

もくじ

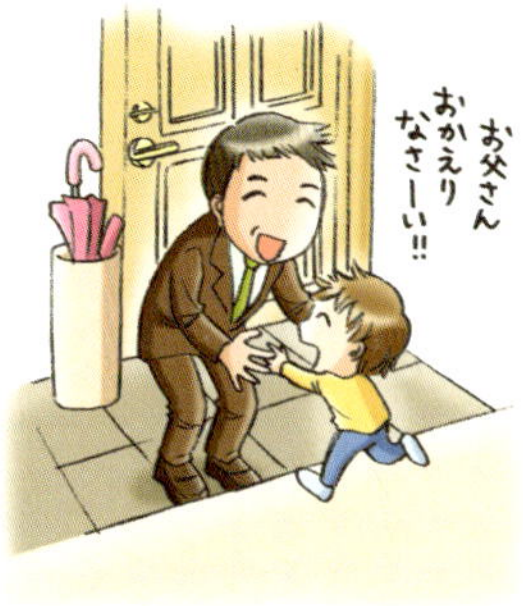
お父さん
おかえり
なさーい!!

1 お父さんが育児をすると

(1)
お母さんが楽になる。
そうすると、お母さんと子どもの、よりよい関係が築かれる。
お母さんの、お父さんへの愛情も深くなる。

(2)
子どもは、自分はお母さんだけでなく、お父さんからも愛されているんだという気持ちを持つ。自己評価が高くなる。

(3) お父さんが、ほめてくれると、子どもが、友達関係や、学校、社会に出ていくときの、勇気になる。

(4) お父さんが、体を使って遊んでくれると、体も丈夫《じょうぶ》になる。

(5) お父さんに、ちゃんと叱《しか》ってもらうと、子どもはルールを守れるようになる。

(6) お父さんが、ジョークを言うと、家の中に、ゆとりができる。

逆に、これと反対のことばかりしていると、子どもの成長にかえってマイナス、ということも起こりえます。

どういうことか、次章から、少しずつ詳《くわ》しくお伝えしていきたいと思います。

2

お互《たが》いに、休日を取ろう

夫婦の関係が、
もっとよくなること、
間《ま》違《ちが》いなしです

子どもが生まれて以来、親は、双方《そうほう》とも、授乳、おむつ替《か》え、抱《だ》っこ、寝《ね》かしつけで、子どもに振《ふ》り回《まわ》される生活になります。夜泣きが始まったら、相手するしかありません。慢性《まんせい》の睡眠不足《すいみんぶそく》となり、心身ともに疲《つか》れ果《は》ててきます。しかも、**土日も休日も、育児には、休みということがありません。**

どんな人間も、24時間、３６５日、働き続けたらノイローゼになってしまいます。ですから、**親は、意識して、時々、休日を取る必要があるのです。**

ベビーシッターに来てもらったり、祖父母に見てもらう、という方法もありますが、いちばん、手っ取り早くて、お金もかからないのは、片一方の親が、半日か1日、子どもの面倒《めんどう》を見て、その間、もう一人の親が、休む時間を取ることです。

仕事のある人は、たまの休みくらい、と思うでしょうが、仕事にせよ、家事育児にせよ、同じようにたいへんなのです。交代で、お互《たが》いに休みを取れるよう、話し合ってみましょう。

―休日の子どもは朝早い―

これには、さまざまなメリットがあります。たとえば父親なら、子どもの世話を父親一人でしてみると、母親のたいへんさも理解できますし、子どもとの絆《きずな》も強まります。何よりも、夫婦の関係がよくなること間違《まちが》いなしです。

●母親のたいへんさが理解でき、子どもとの絆《きずな》も強まる

確かに労力は使いますが、使った労力の何倍もの幸せが、返ってくるのです。

次の日曜はどうする？
私そろそろ美容院に行かせてほしいのよ
わかった
今日は父親が見る日
やっつけろー
ゴオォ
ありがとう。とてもリフレッシュできたわ
来週は頼《たの》むね
ボロッ
翌週――
ごろん
んーっ

3

お父さんが育児をすると、子どもの自己評価が高くなる

子どもの心を育てるうえで、いちばん大切なのは何でしょうか。

しつけも大事、勉強も大事、**しかし、いちばん大切なものは、自己評価（自己肯定《じここうてい》感《かん》、自尊感情）といわれるものを、育《はぐく》むことです。**

自己評価とは、「自分は生きている価値がある」「大切な存在だ」「必要な人間だ」という気持ちをいいます。

これが、子どもの心が成長していくうえで、いちばんの土台になるのです。

この気持ちがしっかり育《はぐ》まれていないと、しつけやルールがうまく身につかなかったり、勉強に集中できなかったり、あるいは、外見的には、ちゃんとやっているようでも、本人はとても強い不安や緊張《きんちょう》の中で過ごしていて、それが、大きくなるにつれて、心身症《しんしんしょう》や非行という形で出てくることがあります。

この自己評価ですが、実は、**お父さんの育児行動によって差が出てくる、**という調査結果*があります。

＊菅原ますみ「父親の育児行動と夫婦関係、そして子どもの精神的健康との関連」（『教育と情報』平成10年６月号）

5~6歳時点で、お父さんの育児行動が、
平均点以上だった家と、平均点以下であった家を
比《ひ》較《かく》したとき、子どもが10歳になった時点で
「自分は生きていてもしかたがないと思う」
と答えた子どもの割合が、
平均点以上の家は、
6・8パーセントだったのに対し、
平均点以下の家は、
18・5パーセントに達しています。
「自分は独りぼっちの気がする」
と答えた子どもは、平均点以上の家が
15・9パーセントに対して、
平均点以下の家は、30・8パーセントです。

生きていても
しかたがないと思う
18.5%
約3倍
6.8%
平均点以下
平均点以上

独りぼっちの
気がする
30.8%
約2倍
15.9%
平均点以下
平均点以上

お父さんの育児行動と、子どもの自己評価との関係

✕お父さんが育児をしないと、子どもの自己評価が下がる

お父さんの育児行動が平均点以下
あの子最近幼稚園《ようちえん》に行くのを嫌《いや》がるようになって……
何かあったのかしら……
そんなことオレに聞くなよー
家のことはおまえに任せてあるんだから
もう！ あの子のことなんてどうだっていいのね！
しかたないだろ。こっちは仕事で疲《つか》れてるんだから
チュン……
もう！ 休日なのにまた出かけるの⁉
たまにはこの子と遊んでやってよ！
私……生まれてこないほうがよかったのかな……
自己評価
DOWN
独りぼっちの気がする

お父さんが育児をすると、子どもの自己評価が上がる

お父さんの育児行動が平均点以上！
今日は休みだからお父さんと遊びに行くか!!
やったーやったー
わっわっ
よしっうまいぞ！
おいしいコーヒー
豆乳ソフト
クレープ
毎日が楽しい！
UP
自己評価
家族が大好き!!

ちなみに、お父さんの育児行動の
有無は、妻から夫への愛情にも
強く影響《えいきょう》しています。

育児をする夫は
妻から「魅力的《みりょくてき》な男性」
「今でも恋人《こいびと》同士」と思われる
率が高いのです。

ですから、結論は、
「父親が育児を担うかどうかが、
子どもの自己評価に影響《えいきょう》し、
夫婦関係も左右する」
ということです。
（父親が死別や離婚《りこん》で不在の場合は除きます）

夫は
魅力的な男性♡
76.4%
平均点以上
51.9%
平均点以下
夫とは今でも
恋人同士♡
41.7%
平均点以上
29.6%
平均点以下

お父さんの育児行動と、妻から夫への愛情との関係

×お父さんが育児をしないと、夫婦関係も悪くなる

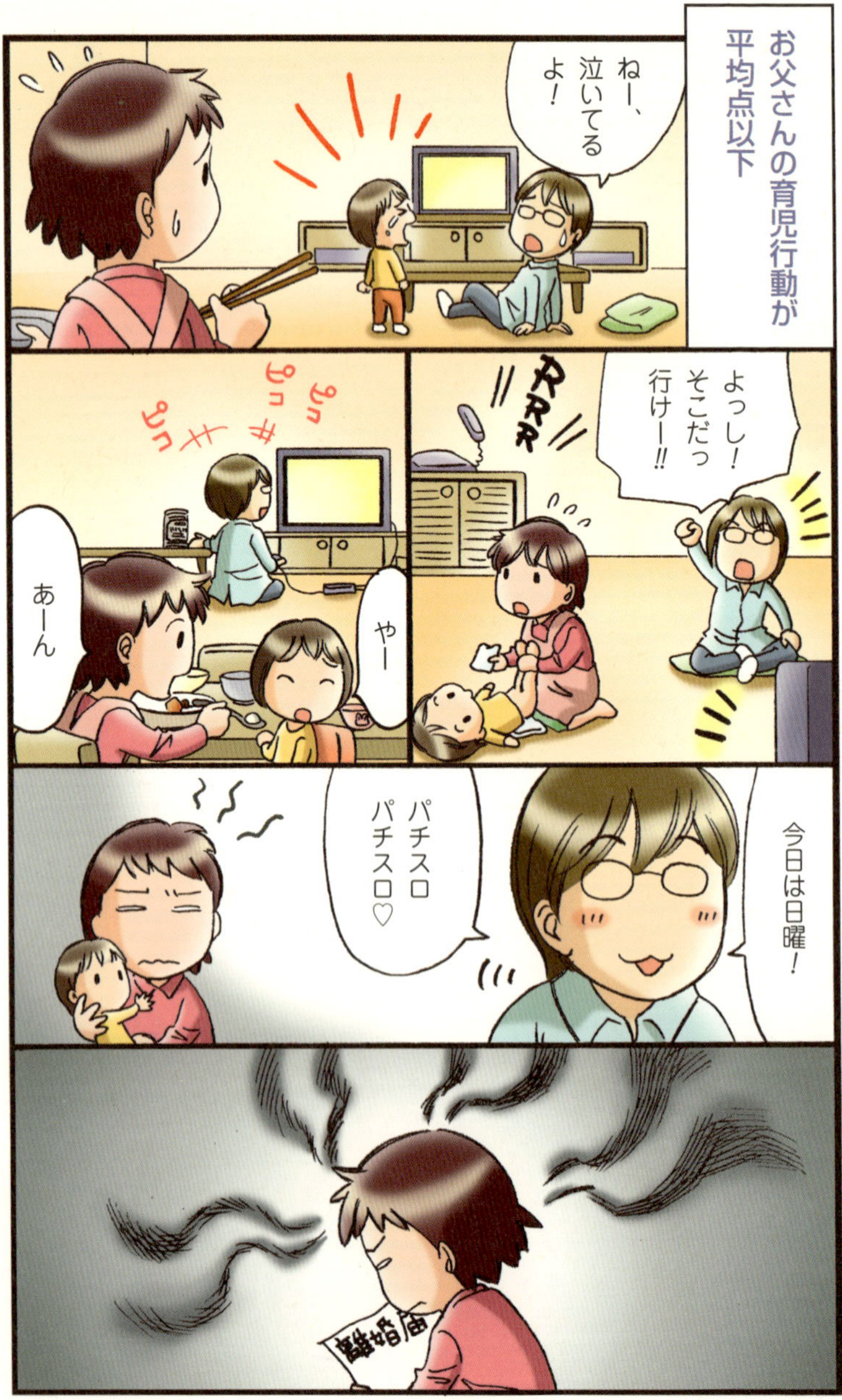
お父さんの育児行動が平均点以下
ねー、泣いてるよ！
RRR
よっし！そこだっ行けー!!
やー
あーん
今日は日曜！
パチスロ パチスロ♡
離婚届

○お父さんが育児をすると、夫婦関係もよくなる

お父さんの育児行動が平均点以上！
あ、オレがやるからいいよ
わーん
ぱたぱた
よしよし、ウンチが出て気持ち悪かったんだね
さっぱりしたね♡
いつもおいしい食事をありがとう
夫は魅力的《みりょくてき》な男性♡
はい、どうぞ♡
にこっ
この人といつまでも仲良くやっていきたいわ

4

父親が、「何とか子どもに関わりたい」「家に帰りたい」と思っても、仕事の状《じょう》況《きょう》が、それを許さないことがあります

平成17年4月、次世代育成支援対策推進法《じせだいいくせいしえんたいさくすいしんほう》が全面施行《ぜんめんしこう》され、今後は、国や自治体だけでなく、企業《きぎょう》も、従業員が育児しやすい環境作《かんきょうづく》りを進め、父親の育児休業も推進していくこととなりました。しかし、現実には、父親が育休を取るための環境作《かんきょうづく》りは、まだまだこれからと言ってもいいでしょう。

母親たちも、必ずしも、男性に育休まで取ってほしいとは願っていないという声も聞きます。それよりも、しっかり仕事をして、ちゃんと給料を稼《かせ》いできてほしい、あるいは、育休というよりも、まずは時短。夕方、早く家に帰ってきてほしい、という声も聞きます。

さらに、昨今の雇用状況《こようじょうきょう》からすると、仕事に就けるだけでもありがたい、子育てなんて言っていたら、まともに仕事にありつけない、という状況《じょうきょう》も一方であります。

特に、派遣《はけん》といわれるような、非正規雇用《ひせいきこよう》の従業員は、いつクビを切られるかわからない、という不安定な立場にあります。

以前は、非正規雇用《ひせいきこよう》というと、女性でしたが、最近は、男性の非正規雇用《ひせいきこよう》も増えています。

そういう人たちは、子育てを担おうにも、仕事の状況《じょうきょう》がそれを許さない、という現実が生じているのです。

今日は けんたの 誕生日だから 早く帰って きてね♡
パパ
行ってらっしゃい
はい
わかった。できるだけ 早く帰って くるよ
よかった。仕事も 順調に終わった。今日はこれで失礼 しよう
えー、そうですか、今晩ですか、もちろんです！ うちの者が 伺《うかが》いますんで……
すくっ
おい、今晩、ハッピー堂の社長 のアポイントが取れたぞ！
めったに 捕《つか》まらない人 なんだけど、今晩なら 大丈夫《だいじょうぶ》だそうだ
君、行って くれるよね！
カッ
びしっ
わたし!?
いや…… あの……
何だ、何かあるのか
はい、今日は 子どもの 誕生日で……
3歳です かわいい盛りです
写真です
しかし、ほかの者は 皆《みな》、出払《ではら》って いるしな
きょ、今日だけは 帰してもらえ ませんか
あのなぁ、君

最後は人それぞれの価値観だと思うけどな。
こないだも、子どもが熱《ねつ》出したと言って早く帰っただろう
ねち
ねち
ねち
ねち
そんなことやってちゃとてもこの編集の仕事は勤まらないよ。
ねち
君は派遣《はけん》で来てるんだからさ
キツイ言い方かもしれないけど
君の代わりはいくらでもいるんだよ
出先の者に連絡《れんらく》を取るか……
君にとってもチャンスだと思うけど
どうする?
……はい
では取材に行かせていただきます
ぱっ
そうか、悪いな。
じゃ頼《たの》むよ
はぁ……
お父さんかしら!
RRR

悪い!!
どうしても今日でなきゃならない取材があって、帰り遅《おそ》くなる
えーまたー?
どうしてこんな日ばっかり仕事が入るの?
そんなこと言ったって……
もういいわよっ
パパお仕事?
子どものことなんてどうでもいいのね
そんなわけなっ……
ガチャ
ツーツーツー
ガクッ
わおーん
ただいま。
ごめんよ遅《おそ》くなって
……
むすーっ
そんなに怒《おこ》るなよ。仕事なんだしさ

確かに、自分の好きな仕事に熱中して、子どものことなど、ほったらかし、という男の人もあります。しかし、多くの父親は、決してそうではなく、**何とか子どもに関わりたい、家に帰りたいと思いつつも、仕事の状況《じょうきょう》がそれを許さず、**仕事と育児の板挟《いたばさ》みで、深刻に悩《なや》んでいることも多いのです。

こういうときに、私たちはどうすればいいでしょうか。

私は、まず、**夫婦でしっかり話し合って、お互《たが》いの状況《じょうきょう》をきちんと伝え合う**、ということだと思います。

今の会社は相手の都合に合わせて仕事が入ってくるところで
自分の都合で時間を調整することができないんだ
断れば間違《まちが》いなくクビになる
んー……
だから、最悪、子どもの誕生日でも、家に帰れないこともあるかもしれない
もちろん、時間の取れるときはちゃんと子どもの世話はするよ
ただ、突発的《とっぱつてき》に、何が起こるかわからない
その分、君には負担をかけたり、がっかりさせたりすることがあるかもしれない
はー、しょうがないわね
ただ、自分にとっては、やりがいはあるし、やりたいと思っている
いいかな。今の仕事続けて
わかったわ。でも時間の取れるときは、ちゃんと手伝ってね
私だって仕事してるんだし

こういうように、しっかりあらかじめ状況《じょうきょう》を伝え合って、ありうる事態に際して、合意を得ておく、いったん合意しても、お互《たが》いの気持ちがずれてくることがあるでしょうから、そのつど、また話し合う、そういうことが必要なのだと思います。

ただ、これからの企業《きぎょう》、コマーシャルでは、社会貢献《しゃかいこうけん》とか、みんなの幸せのために、と言っていますが、本当に、会社の方針がそれを目指すなら、まず、そこで働く従業員が幸せでなければならないのではないかと思います。

従業員とその家族、子どもが幸せである会社、
「子どものために、今日は早めに帰ります」
という言葉が、平気で言い合える会社、
そういう世の中になってほしい、
と心から願います。

5

父親が積極的に
子どもに関わると、
父と子の間に
強い心の絆《きずな》が生じ、子どもは、
さらに活発に育つようになります

以前は、育児における父親の役割は、どちらかというと、母親のサポートとか、間接的なものと考えられてきました。育児に携《たずさ》わるのは、もっぱら母親、ですから、親子関係も、母子関係を中心に考えられてきました。母子相互作用《ぼしそうごさよう》という言葉も、その一つです。

しかし、核家族《かくかぞく》となり、さらに仕事に就く母親が増えている現在、**父親も、かつてのような、間接的なサポートだけでなく、育児への直接的な関わりが、絶対的に必要になってきているのです。**

それに伴《ともな》って、最近は、父子相互作用《ふしそうごさよう》も重視されるようになり、これを、エングロスメント（のめりこみ現象）といいます。

具体的には、お風呂《ふろ》に入れたり、抱《だ》っこしたり、おむつを替《か》えたり、積極的に子どもに関わることで、父親の自覚が育ち、わが子への没入感情《ぼつにゅうかんじょう》を持つようになる、それに伴《ともな》って、父親と子どもの間にも、強い心の絆《きずな》が生じるということです。

それによって、子どもは、さらに活発に育つことができ、また、父親不在による、母子密着や、母親の育児ノイローゼなどのリスクも少なくなると期待されています。

✕子どもに関わろうとしないと、父と子の心の絆《きずな》は生じない

ただいま
ふだんはいつも帰りが遅《おそ》い
すー
たまの休みくらい一日ゆっくりしよう
あそぼー
もうちょっと待っててね
休日も子どもと関わらない
パチンコに行ったら大当たり♡
ごきげん♡
おい、父さんが読んでやるぞ
えほん
よんでー
たまに関わろうとすると……
なんだよ、せっかく遊んでやろうと思ったのに、かわいくないな!!
やだー
お母さーん
お母さーん
えほん

〇積極的に子どもに関わることで、父と子の間に強い心の絆《きずな》が生じる

6

子どもが生まれたら

——お父さんにできること

(1) できるだけ早く帰る

子どもが小さいときは、一日じゅう、子どもから目が離《はな》せず、振《ふ》り回《まわ》され通《どお》し。不安なことも多く、心も体もくたくたです。息が詰《つ》まりそうなときに、お父さんが帰ってくることは、お母さんにとって、大きな心の助けになります。

子どもが生まれたら、できるだけ早く帰りましょう。

✕

（2）自分のことは自分でする

ごし
ごし
ぎゃあ
ぎゃあ
よしよし、どうしたのー
ぎゃあ
ぎゃあ
オレの下着どこーっ？
いつもの所になかったぞ
そのくらい自分で捜《さが》してよ
びえええ
んぎゃーっ
おい
ビール持ってきてくれ
それくらい自分でやってよ！

○

おーい オレの下着
がちゃ
ぎゃあ ぎゃあ
……
ぎゃあ
よし よし
自分で 捜《さが》すか……
あ、 あった あった
いつもたいへん だなぁ
ありがとう
オレの ことは いいよ。 自分で やるから
ゴー
ごめんね

(3) お風呂《ふろ》に入れる

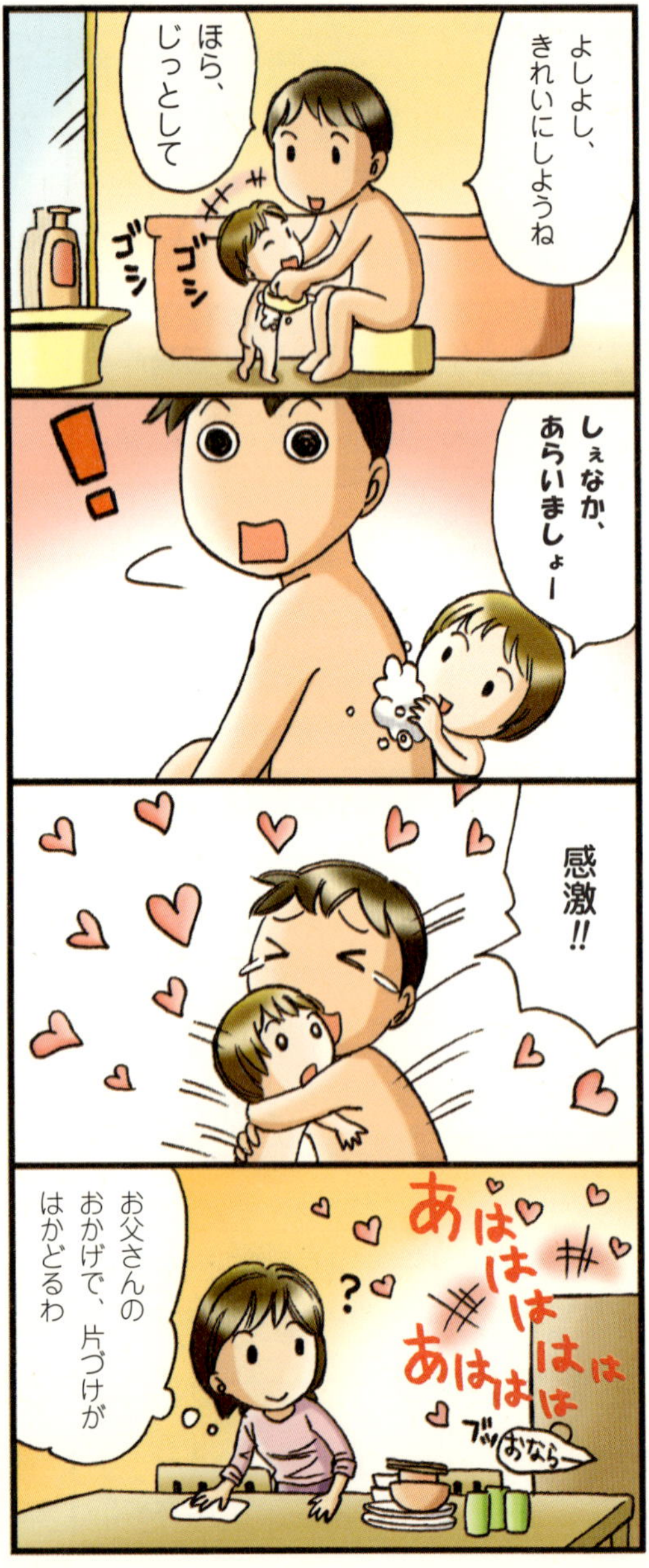

よしよし、きれいにしようね
ほら、じっとして
ゴシゴシ
しぇなか、あらいましょー
感激!!
お父さんのおかげで、片づけがはかどるわ
あははは
あはははは
ブッ
おならー

(4) 夜泣きをあやす

おぎゃあ
おぎゃあ
んっ?
よしよし、
泣かないで～
ムニャムニャ
とん
とん
疲《つか》れてるのは
お互《たが》いさまか……
ぐー
おぎゃー
ほぎゃー
夜中の
ドライブ
にでも
行くか
うと
うと
――あれ、
もう寝《ね》た?

(5) おむつを替《か》える

これも、子どもとのスキンシップになります。
おむつを替《か》えるときは、まだ言葉が出なくても、積極的に言葉をかけましょう。

×
わあああん
あ、うんちだ
くんくん
お母さーん、うんちー
もう、それくらいお父さんもやってよ！

わあああん
あ、うんちだ
くんくん
どれどれ、お父さんが替《か》えるからねー
さあ、気持ちよくなったねー

7

子どもと遊ぼう

父親にとっても
ストレス解消になり、
父と子の心の絆《きずな》が
しっかり育《はぐく》まれていきます

子どもがお母さんに求めるのは、抱《だ》っこだとすると、お父さんに求めるのは、「高い高い」だという話があります。お母さんが与《あた》えるのが、安心感だとすると、お父さんが与《あた》えるのは、自立心と勇気、ということかもしれません（もちろん、それが逆でもいっこうにかまわないのですが）。

子どもの自立心を育てるのに、いちばん大切なのが、遊びです。６カ月を過ぎると、「いないいないばあ」が楽しめるようになりますし、10カ月を過ぎるころになると、体もしっかりしてくるので、全身を使った遊びができるようになります。「高い高い」とか、「飛行機ブーン」などです。

1歳ごろになると、次第に、好奇心《こうきしん》が強まり、イタズラが出てきます。行動範囲《こうどうはんい》も広くなります。お母さんは、育児で疲《つか》れていて、なかなか子どもの体を使った遊びにはついていけません。そういうときこそ、お父さんの出番です。

お父さんとしては、家に帰ってからくらい、テレビゲームで、自分の世界に入りたい、と思うかもしれませんが、子どもと体を使って遊ぶことは、子どももとても喜びますし、**お父さんにとっても、ストレス解消になります**（ただし、あまり激しい動きは要注意）。**子どもも、体を使った遊びの中で、さらに体を丈夫《じょうぶ》にしていきます。そういう中で、子どもとお父さんの心の絆《きずな》がしっかり育《はぐ》まれていくのです。**

●子どもと遊ぶことによって、父と子の心の絆《きずな》が育《はぐ》まれていきます

そう言わずに。この子だって、お父さん待ってたんだからー
ねー
ホレ、行け！
しかたないなーもう
そら、遊んでやるよ
にっ
きゃ
きゃ
きゃ
きゃ
ははっ……
あははは
子どもと遊ぶのもけっこう楽しいな
お父さん、だいぶ遊ぶのが上手になってきたな……
子どももうれしそう……

10年後……

8

お父さんが、ジョークを言うと、家の中に、ゆとりができる

ウマい!!
カンガルーが
カンガエルー
……
さむい……
さむいよう
お母ちゃん

お母さんは、いつも家事や仕事に追われているので、なかなか余裕《よゆう》がありません。そういうときに、ちょっとしたジョークを言えるお父さんは、家の雰囲気《ふんいき》を和《なご》ませます。

たいてい、「さむーっ」とか、「ひでぇ、オヤジギャグ」とか、言われるのがおちなのですが、ただ「オヤジギャグ」という言葉があって、「オバンギャグ」という言葉がない、ということは、やはり、一生懸命《いっしょうけんめい》、ギャグを言おうとするのは、もっぱら男性だ、ということなのではないでしょうか。

いくら、さむーっと言われようとも、ガミガミ怒《おこ》るお父さんよりはましです。
ユーモアのセンスを持つことは、人づきあいでも大切です。

……
いてて……
お父さん
どうしたの!?
今日、胃の検査受けたら
お父さん、胃炎《いえん》だったんだって……
んー
えー!!
「胃炎《いえん》」なんて……
軽々しく
「言えん」
な……
ひどい!!
南極並み!
もー
やめてよ。
お父さん
はっはっはっ
うまかった?
ぜんっ
ぜん
ほっ

大事な書類、
忘れちゃった……
ま、イーカ

9

子どもは、お父さんに何を求めているのか

子どもは、お父さんに何を求めているのでしょうか。
『ねえ　きいて！　ほんとのきもち―2500人の子どもの声とおとなのへんじ―』＊から、
聞いてみたいと思います。

もっとはやくかえってきてほしい。

お父さん
おかえりなさーい!!

（小1・男他）

みんなで夕ごはんをたべたい。

（小1・女）

＊子どもと教育・文化を守る千葉県民の会編、自治体研究社刊

たまには仕事を休んで、家族でどこかに出かけたい。

仕事だけじゃなくて家のこともやってほしい。

お父さんの帰りが遅《おそ》かったりするので、家族全員がそろうことが少ない。家族と会話することが少なくなった。

親が疲《つか》れた顔をしている。苦労をかけて悪いと思う。もっと休んでほしい。

(中3、女)

どうですか。小学生は、本当に素直な気持ちを述べていますし、中学生になると、少し、お父さんに、物申す、という感じになってきますね。しかし、最後の中3の女の子の、「もっと休んでほしい」というのには、ほろっときます。**いくつになっても、子どもは、父親のことを、陰《かげ》で、だれよりも心配し、気遣《きづか》っているのだと感じます。**

こういう子どもの気持ちを、きちんと受け止めていくことが、父親と家族の絆《きずな》を強め、家庭の中に父親の存在感を作っていくことになるのだと思います。

10

お父さんからほめられると、子どもは、学校や社会へ出ていく自信を持つようになる

お父さんは、子どもにとって、初めて出会う社会です。お母さんとの一対一の関係から出て、初めて出会う他人がたいていお父さんだからです。そのお父さん体験が、どういうものかによって、子どもが社会をどう見るかが、強く影響《えいきょう》されます。**そのお父さんが自分を受け入れ、認めてくれたら、社会も自分を受け入れ、認めてくれると思いますし、お父さんから否定されたら、また社会からも拒否されると、子どもは思います。**

実際、対人恐怖《たいじんきょうふ》といって、人前に出ることに、強い緊張感《きんちょうかん》を持つ人たちがあります。もともと敏感《びんかん》だという生まれつきの部分が関係している場合もありますが、中には、お父さんが、子どもに恐怖心《きょうふしん》を与《あた》えるくらい、厳しすぎる人であった、とか、逆に、お父さんとの関係が希薄《きはく》で、お父さんは、自分のことをどう思っているかわからない、という子どももあります。

お父さんから、ほめられ、認めてもらうと、子どもは自信を持ち、そんな自分は、きっと友達からも認めてもらえる、学校でも認めてもらえる、そして、社会でも認めてもらえる、と自信を持つことができます。

家から一歩、外に出たとき、子どもはまだまだ不安だらけです。そういうときに、一言、

「大丈夫《だいじょうぶ》、おまえならできる」と後押《あとお》ししてやってほしいのです。

また、外で傷ついて、家に帰ってきたとき、「よくがんばった。今度はきっとうまくいくよ」と励《はげ》ましの言葉をかけてほしいのです。

✕ お父さんから否定されると、周囲からも否定されるように思う

○お父さんから認められると、自信を持つことができる

11

夫婦の役割分担は、必要ではないでしょうか？

Q

◇男性　会社員

私の家の方針は、私は仕事、妻は家事育児、というように役割分担することです。私は、家族を養うためにしっかり働くつもりですから、妻は妻で、専業主婦として、しっかり、家事育児をやってほしいと思っています。そういう考え方はよくないのでしょうか。

A

夫婦の間で、役割分担をすることは、必要な場合もあると思います。それがお互《たが》い納得のうえでされているのであれば、そういう家庭もアリだとは思います。

ただそれでも、自分は仕事をしているんだから、家に帰っても、家事育児はいっさいしない、というのはどうでしょうか。それでも、信頼《しんらい》し合《あ》えるパートナーとしてやっていくことができるでしょうか。

試しに、もし、逆の立場だったらと考えてみましょう。あなたが、専業主夫で、妻が、仕事をしている場合です。

ご飯まだ？
ちょっと待っててね
すぐ準備するよ
読んでー読んでよ〜
じゃあ、お風呂《ふろ》先にしよう
ご飯の準備するから
わいてるよね
えーやだー
あー、さっぱりした！
ぷしゅっ
ぱちん
コラコラ
おとーさん、おとーさんっねーったら！
ねー聞いてよー!!
もーっうるさいなー!!
ちょっと、お父さん何とかしてよ!!
こらこら、そんな大声出さないの！
ホラ、机から下りて
お父さん

極端《きょくたん》な例だとは思いますが、
あなたが、もしこういう立場だったら、
こんな毎日に耐《た》えられるでしょうか。

やはり、**いくら役割分担といっても、**
もし、**妻や子がたいへんな思いをしているなら、**
それを少しでも助けようというのが、
家族への思いやりではないかと思います。

12

母親の苦労をねぎらい、感謝の言葉を述べる

――そうすると、その言葉は、また自分にも返ってきます

子どもに直接関わることと同じくらい、大切なのが、夫婦の関係です。

母親の心をいかに支えるか、これが、実は、父親の子育てで、最も大切なポイントと言っても過言ではありません。

そこで、まず大切なのは、妻へのねぎらいの言葉です。

父親も、だれもねぎらってくれない中、毎日毎日、必死に働いているわけですから、

「おれだって、こんな必死でやってんだから、おまえだってやって当然だろ！」

と、ついつい言いたくなる気持ちもわかります。

でも、それを口にしてしまうと、結局、最後は自分に返ってきてしまうのです。

ふう……
今日も疲《つか》れたなぁ
わんっ わんっ
ただいま
わっ、なんだ この散《ち》らかりようは！
おまえ一日家にいるんだから、ちゃんと片づけくらいしろよ
そんなこと言ったって、この子、ご飯はなかなか食べないし、ぐずるし、本当にたいへんなのよ
そんなの子どもなんだから当たり前だろう。おまえも母親なんだから、もっとしっかりしろよ
そんなこと言うなら、あんた、やってみたら!?
オレは仕事でたいへんなんだ、できるはずないだろう!!
仕事、仕事って、仕事ばっかり！
この子は私だけの子じゃないのよ！
そんなこと言っても仕事しなきゃ食べていけないじゃないか！
もうっ、ちっともわかっていないいんだから
……
←子ども
ご飯は自分で勝手に食べてよね!!
バタンッ
ちぇっ

責めるのではなくて、母親のたいへんさをねぎらい、感謝の言葉を述べる。そうすると、その言葉は、また自分にも返ってきます。

なかなか泣きやまないの？
たいへんそうだなぁ
そうなのよ、一日じゅうぐずってばかり
そうか
一日ご苦労さん
あなたもたいへんだったでしょう。
残業残業で
そうだね。でも家族のためだからね
ありがとうお父さん。
今、ご飯あったためるから、ちょっと待っててね
どうぞ
お、うまそうだなぁ

13

妻を支え、元気にする言葉
妻に絶対に言ってはならない言葉

妻の苦労に対して、ねぎらい、感謝の言葉をかけること。これは、1万年堂出版が行《おこな》った読者アンケートでも、妻が夫にわかってほしいことの第3位に挙がりました。

ところが、実際には、ねぎらうどころか、逆に否定したり、傷つけたりしていることが少なくありません。夫としては冗談《じょうだん》のつもりが、妻からすると、無神経極まりない言葉として、後々《のちのち》まで恨《うら》みの種になることもあります。もちろん、これは妻にも言えることで、お互《たが》いさまなのですが、ここでは、夫として、どういう言葉をかけたらよいかを考えてみます。

(1)「いつもありがとう」

家事、育児は、終わりがなく、だれからも感謝もされず、達成感もありません。苦労の割りには、やって当たり前と思われがちです。

しかしアメリカの調査では、専業主婦の労働を給料に換算《かんさん》すると、なんと年間1500万円の労働に値する、という報告*も出ています（専業主婦が行《おこな》っている仕事を、保育士や料理人、家政婦、運転手などの時間当たりの給料に換算《かんさん》したもの。ちなみに専業主婦の週

＊サラリー・ドット・コム社の調査

平均の労働時間は、91・6時間で、会社の平均就労時間の2倍以上となっている)。

これだけの仕事をこなすということは、本当にたいへんなことです。

それが、**夫から「いつもありがとう」「がんばってるね」というねぎらいの言葉があるだけで、ずいぶん違《ちが》う、またがんばろうという気持ちになれる**、といわれているのですから、どんなに大切な言葉かわかっていただけると思います。

逆に、「家にいるんだからヒマだろ」とか、「毎日家にいて楽でいいね」とは、絶対に言ってはならない言葉です。

✕

(2)「おいしいね」

妻は、妻なりに、夫の健康を気遣《きづか》って、一生懸命《いっしょうけんめい》、料理を作っています。もちろん、料理も得意不得意はあるでしょうが、多くの妻は、家計のやりくりをしながら、少しでもおいしく、栄養のあるものを、と工夫して作っています。

それに対して、**「おいしいね」と言われると、やはり妻は、作りがいがあるし、じゃあ、明日はこのメニューで、とか、またやる気も出てきます。**

「やっぱり家のご飯がいちばんおいしいよ」と言われるのが、いちばんうれしい、という

○

お父さん、おなかが出てきたから、油は控《ひか》えなきゃ
健康によくっておいしくて……
野菜もたくさん入れて……
ふぅ〜…
お、うまいな♡
よかった!
ぱく

×

女性もいます。手料理に対するほめ言葉や感謝は、意外と、好感度が高いのです。

ところが、夫は、ついつい、ご飯が出てくるのが当たり前、新聞やテレビを見ながら、妻が苦労して作ったご飯も、機械的に口に運ぶだけ。「おいしかったでしょ？」と聞かれて、「え、何が？」と言っていると、そのうち、食《しょく》卓《たく》から手料理がいっさい消えてしまうかもしれません。

(3)「うちの妻は、いつもよくやってくれる」

たとえば、夫の親や、友達に対して、以前なら、自分と同時に、自分の妻も下げて、謙《けん》遜《そん》するのが一般的《いっぱんてき》でした。

「君の奥《おく》さんは料理がうまいね。うちなんか、犬のエサみたいなもんだよ」

しかしこういう言葉の陰《かげ》で、多くの女性が、実は人知れず傷ついてきたのだと思います。

こういうことは、今や、明らかに時代後《じだいおく》れだと思います。

むしろ、**これからは、親や友人の前でも、妻や子どものことで、ほめるべきところは堂々とほめていいと思います。**

もちろん、臆面《おくめん》もなくベタほめ、というのは、

あははは
うちのなんて、
全然ダメですよ
もうっ

周囲も引いてしまいますが、少なくとも不必要に卑下《ひげ》することはないのではないかと思います。

姑《しゅうとめ》の前で、「うちの妻は、よくやってくれてるよ」と言ってもらうと、姑《しゅうとめ》の見方も、肯定的《こうていてき》になり、妻としては、本当に安心できるものです。

ぞろ
ぞろ
こんばんは、いやぁ、大勢でおじゃましちゃってー
どうぞいらっしゃいませ
うわさにたがわず、本当に料理がお上手ですね
なあ
いつ誘《さそ》っても先輩《せんぱい》は、家で食べるのがいちばんうまいって、いつも言ってるんですよ
ははは
まあ
なおこはフルタイムで働いているのに、けっこう家のことも手を抜《ぬ》かないんだ。もっと適当でいいんだからね
まあ、そうなの……
お義母《かあ》さんの前でほめてもらえるなんて……
うれしい!!

14

妻の苦労を ねぎらおうとしているのに、 なぜ、すれ違《ちが》ってしまうのか

夫は、妻の苦労をそれなりにわかっています。そして、楽にしてやりたい、ねぎらってやりたいという気持ちもないわけではありません。しかし、往々にして、**夫は、妻の本当に望んでいることをわかっていません。**

こらっ食事中でしょ!!
立っちゃダメ
もう、ちゃんと食べてよ――
あーん
あむっ
はぁ……終わった……
(食事は)
ただいま
お父さんこれ読んでー
おまえ……なんだかやつれたなぁ
かちゃ
かちゃ
だって……たいへんで

今度2人で食事でも行こうか。それから映画でも……
だって、子どもどうするのよ
またおばあちゃんに頼《たの》めばいいじゃないか
たしかこの前も……
もわもわ
んー
ただいまー
わっ
帰ってきてから……
仕事が山積みで……

私、疲れてるからいい
なんだよ！せっかく言ってやってるのにっ

夫は、妻を楽にするには、気分転換《きぶんてんかん》に、食事や映画でも、と思います。しかし、それは独身時代のこと。育児で疲《つか》れ切《き》った妻には、そういうことより、まず、残った家事を肩代《かたが》わりしてくれること、そのほうがよっぽどありがたい、ということがあるのです。

夫も、仕事で疲《つか》れていてたいへんだと思いますが、同じ労力を使うなら、妻が望んでいることをきちんと把握《はあく》して実行するほうが、はるかに有効だということです。

15

妻の話を聞く①

男と女では、話をする目的が少し違《ちが》うことを知っておきましょう

次に大切なことは、妻の話を聞く、ということです。

ただ、男の人が話をする目的と、女の人が話をする目的は、少し違《ちが》います。

男の人は、用件を伝えることに重きが置かれるのに対して、女の人は、自分の気持ちを伝える（出す）ことに重きが置かれます（すべての男女ではありませんが）。

ですから、**妻の話を聞くときには、用件がどうかというより、まず、気持ちをじゅうぶん聞いて、わかってあげる必要があるのです。**

✕ 気持ちを酌《く》み取《と》らないと、うまくいかない

○気持ちをじゅうぶん聞いて、わかってあげる

お父さん、入学式は4日だからね
ちゃんと会社に言っておいてね
ああ、そうか。そうだな
けんたも楽しみにしていたから、その時期忙《いそが》しそうなら、早めに教えてね
よし、そうするよ
はい、コレ忘れないように、メモ
4日欠席届
わかった。ありがとう
じゃ、行ってくるね
行ってらっしゃい
気をつけてね

そういう意味で、妻が話をするときも、特に夫に時間がないときは、用件を中心に言ったほうが、うまくいく、ということもあります。

16

妻の話を聞く②

「黙《だま》る」という態度は、「無視された」という印象を与《あた》えてしまう

お父さんも
つらいん
デスヨ
……

妻の話を聞いていると、だんだん攻撃《こうげき》がこちらに向かってくることがあります。
そうすると、男の人の中で、黙《だま》ってしまう人があります。

●「黙《だま》る」という態度は、「無視された」という印象を与《あた》えてしまう

あの子、ちっとも片づけしないのよ
だいたいあなたがだらしないから、子どもも真似《まね》をするのよっ
ほら、靴下脱ぎっぱなし！
あなたも自分のことくらい自分でやってね
もう一人子どもがいるみたいよっ もー
……
ぱちんっ
ちょっと！聞いてるの⁉
……

これは、決して、夫としては、
話を聞いていないわけではなくて、
ちゃんと聞いているのです。

それでいて、
妻の言うことも、もっともなので、反論できない、
しかし、意地やがまんがじゃまをして、なかなか認めたくない、
そのために、「黙《だま》る」という態度に出ているのです。

しかし、これは、妻からすると、
「無視された」としか思えません。
よけいに、怒《いか》り、不信感が
募《つの》ることになります。

ですから、こういうときには、やはり、
何らかのリアクションをしたほうがよいのです。

●「反論できない」ことでも、リアクションをしたほうがよい

ただ、こういうときに、謝っているのに、さらに責め続けられると、夫としても、リアクションのしようがなくなります。

●謝っているのに責め続けられると、改めようという気持ちがしぼんでしまう

あの子、ちっとも片づけしないのよ
そうなのか……
だいたいあなたがだらしないから子どもも真似《まね》をするのよっ
靴下脱ぎっぱなし!
悪かった。ごめんごめん
謝れば済むってもんじゃないわよっ自分のことくらい自分でやってよね!
わかったわかった。これから改めるよ
どうせ口ばっかりなんでしょっ
ムッ

改める、と言っているのに、「どうせするはずがない」と否定されると、
改めようと思った気持ちもしぼんでしまいます。
いったんは信用して、「じゃあ、お願いね」と言われるほうが、やる気が出ます。

夫も、
改める、といったん口にしたら、
ちゃんと改めること。

言われても改めないことが続くと
信用を失うのは、
職場も家庭も同じです。

○

あら、きちんとやってる！
さすがお父さん！

×

ほら！
やっぱり信用できないわね！

17

妻の話を聞く③

いきなり話を打ち切らない

妻の話を聞いていると、延々と続いて、話が切れないことがあります。「こちらも、やりたいことがあるのに」と思って耐《た》えていると……。

●いきなり話を打ち切るのは、よくない

あの子、ますます反抗期《はんこうき》になっていって、ホントに困《こま》ってるの
ぺら ぺら
この間もこんなことがあって、あんなことがあって……
うん うん
こっちもやりたいことがあるんだけど……
私がいくら言ってもちっとも言うこと聞かなくて
ぺら ぺら ぺら
今日だってこんなことがあって、あんなことがあって……
そうか そうか
まだ終わらないのかな
お父さんもあの子に甘《あま》いから、よけい調子に乗っちゃって……
ぺら ぺら ぺら
ついさっきだって……
ふる ふる
ぺら ぺら
いいかげんにしろ!!
ばんっ
こっちも忙《いそが》しいんだ!!

こういう場合は、いきなり話を打ち切るのではなく、いったん相手の話を遮《さえぎ》って、こちらで、相手の話を要約して返す、そして「必ず対処する」と伝えると、比較的《ひかくてき》スムーズに終われます。

●比較的《ひかくてき》スムーズに話を終えるには

あの子、ますます反抗期《はんこうき》になっていって、ホントに困《こま》ってるの
ぺらぺら
この間もこんなことがあって、あんなことがあって……
うんうん
こっちもやりたいことがあるんだけど……
私がいくら言ってもちっとも言うこと聞かなくて
ぺらぺらぺら
今日だってこんなことがあって、あんなことがあって……
そうかそうか
まだ終わらないのかな
わかったよ。反抗《はんこう》ばかりして手に負えないんだね。
今度、ぼくのほうからちゃんと話しておくよ
じゃ、ちょっと仕事が残ってるから
ありがとう。頼《たの》むわね
ほっ

18

妻の話を聞く④

解決策より、「そうだね」の共感の言葉が大切

妻が、育児の悩《なや》みを話してくると、
夫としては、ついつい解決策を
求めているのだと考えて、
「それなら、こうしたらいいんじゃないか」
「そんなの、こうするしかないじゃないか」
と言ってしまいます。
しかし、**多くの妻が求めているのは、**
解決策ではなく、まずは
「そうだね」
「そうなんだ、たいへんだったね」
という受容、共感の言葉なのです。

×悩《なや》みに共感せず、解決策だけを言うと、うまくいかない

下の子の世話をしていたら上の子がやきもち焼いて、わざとこれしてあれして、と言うのよ
どどーっ
それで上の子にかまってると、今度は下の子が泣きだして……
もーどうすればいいのよ～
そんなの順番にするしかないじゃないか
そんなのわかってるわよ。
でも、それでも子どもは納得しないのよ
だって子どもなんだから、しかたないじゃないか。
わかってるなら聞くなよ
もー！
ちっともわかってないんだから！

○受容、共感の言葉が大切

下の子の世話をしていたら上の子がやきもち焼いて、わざとこれしてあれして、と言うのよ
どーっ
それで上の子にかまってると、今度は下の子が泣きだして……
もーどうすればいいのよ～
そうかー。たいへんだなぁ
そうなのよ。毎日、こんなことの繰《く》り返《かえ》しよー
そういや
にぱっ
同僚《どうりょう》の家も、上の子の赤ちゃん返りがひどいって言ってたな。本当に毎日たいへんだなあ
まぁね。子どもなんだからしかたないんだけどね
また明日からがんばるわー

19

妻の話を聞く⑤

「でも……」「しかし……」などの、相手を否定する言葉を言わない

妻の話を聞いているとき、ついつい、こちらも意見を言いたくなることがあります。

そういうときに、いきなり

「でも……」とか、

「しかし……」とか、

「ただ……」と

言ってしまいます。しかし、そういうことばかり言っていると、相手の顔色は、だんだん曇《くも》ってきます。なぜでしょう。

実は、セールストークで、相手に商品を売ろうとする場合は、この言葉は、禁句といわれています。

なぜなら、これは、相手を否定する言葉だからです。

●相手を怒らせてしまう例

ふーん
こちらのハッピードリンクで疲《つか》れも取れ、毎日健康で過ごせますよ
でも、ちょっと高いからね……
でも、それだけの効果があるものですから
私は、それにはニンニクのほうがいいと思うが……
いや、それよりも、こちらのほうが効きめがありますよ
むかっ
君にとってはそうかもしれんが、私はニンニクがいいんだよ
もうけっこう
あっ！

●相手に受け入れられる例

ふーん
こちらのハッピードリンクで疲《つか》れも取れ、毎日健康で過ごせますよ
でも、ちょっと高いからね……
そうおっしゃるのもわかります
ふぅむ
それだけの効果があると思ってほしいんです
私はそれよりもニンニクのほうがいいんじゃないかと思うが……
さすが、よく知ってらっしゃいますね。そのとおりです！
この商品には、ニンニクの成分も含《ふく》まれているんです。さらにそれを吸収しやすくするために……
そうかね。そんなにいいものなのかね
ほう！
はい！

自分なりの意見を言うことも大切ですが、その前に、**「そうですね」「さすが」「なるほど」という言葉を入れると、相手も、否定された気にならずに、気持ちよく話が聞けます。**

母親の中で、「夫から、何を言っても否定されるだけ、一度も認めてくれたことがない。だから、もう何を言う気もしない」と言う人があります。**夫としては、否定したつもりはない、と言うのですが、よくよく聞いてみると、夫の返答が、ほとんどまず「でも」「しかし」から始まっているのです。**

✕「でも」「だけど」「しかし」を連発すると、夫婦の会話はうまくいかない

けんたの成績がよくないのよ
塾とか行かせたほうがいいんじゃないかしら
でもあいつ
そんなのは嫌《いや》だって言うだろう
そう……だけど
家庭教師はどうかしら
気の合うお兄さんみたいな人なら、やる気になるかも
だけど、あいつ、そもそも勉強が嫌《きら》いだからな
ちょっと担任の先生に相談してみようかしら……
しかしねえ、教育ママって言われかねないよ
ひょい
あなたもちょっと勉強見てやってよ
だけど、オレも仕事忙《いそが》しいから
もう！じゃ、どうすればいいのよ！
人の言うこと否定ばっかりして！
あなたもちょっと考えたらどうなの!!

○「そうなのか」「なるほど」と、相手を否定しない言葉を選ぶ

けんたの成績がよくないのよ
塾とか行かせたほうがいいんじゃないかしら
そうなのか、困ったねえ
家庭教師はどうかしら。気の合うお兄さんみたいな人なら、やる気になるかも
家庭教師か……なるほどね
ちょっと担任の先生に相談してみようかしら……
んー、もしかしたら何かいいアドバイスくれるかもしれないね
あなたもちょっと勉強見てやってよ
わかった
なるべくそうするよ
ま、まだ小学生なんだし、あんまり勉強勉強って言わないほうがいいんじゃないかな。
本人の気持ちが乗らないと、無理強《むりじ》いしても逆効果だしね
そうね、わかったわ

親と子のほのぼのエピソード

読者の皆さんからの投稿のページです

34歳　女性・愛知県

八カ月の娘がいます。近ごろ、夜泣きがひどくなり、毎晩、二時間ごとに起こされます。

ある夜、私がトイレに行っている間に、夫がベッドに座り、泣いている娘をあやしていてくれました。

翌朝、夫に、「昨夜は、あやしてくれてありがとう」と言ったら、そのときのことをまったく覚えていませんでした。

夫は、「おれって、寝ながらでも子どもをあやせるんだ！」と、とても誇らしげ。

寝ながら、記憶がなくても、常に子どものことを考えてくれているんだね。いつも私を支えてくれる夫に感謝、感謝です。ありがとう。

34歳　女性・新潟県

二歳の娘が、おもちゃの携帯電話を耳に当てて遊んでいました。

すると、「プルルル♪」と自分で着信音を鳴らして、突然「はい、はい……、うんうん……、うんうんうん……」と、本当に相手が話をしているみたいにしゃべりだしたのです。

びっくりして、じーっと見ていたら、気づいて、にこっ。

「だれと、もしもししてたの？」

「パパ」と、にっこり。

私たち夫婦はメールが主で、娘の前で電話をすることはめったにないのですが、たまに、パパが電話しているのを見ていたんですね。

いつもパパと遊ぶ時間は夜の一時間くらいしかありませんが、一緒にいない時間も、娘の心の中には、ちゃんとパパもいるのですね！

親と子のほのぼのエピソード

読者の皆さんからの投稿のページです

35歳　男性・滋賀県

営業職のため、土、日はいつも仕事で週末に子どもの相手をしてやれない分、仕事が定休日の火曜日、水曜日は、なるべく子どものために時間を費やすようにしています。火、水の朝は、だれよりも早起きしてフレンチトーストを作るのが定番となっていいます。カレー味、塩味、コショウ味など、マンネリ化しないように工夫（？）しています。

一番人気はチーズをからませたピザ風フレンチトーストです。「今度は、梅干し味作って」という小4の息子のリクエストはずっと温存したままですので、今度チャレンジしてみようかナ。

さすがに飽きてきた妻は「私の分は作ってくれなくていいよ」と言って食べてくれませんが、食の細い年長の次男が喜んで食べてくれるので、当分の間、わが家の火、水の朝食メニューはフレンチトーストです。

17歳　女子・神奈川県

中学生のころ、弟は小児喘息で入院、母は弟に付き添って病院に近い家を借りて生活、という時期がありました。

そのころ、私は精神的に参っていたこともあって、よく学校を休んでいました。

その日も寝ていたのですが、父が何かメモを残して、会社に出ていきました。「会社行ってくるよ。無理しないでね」

短い文章に、父も忙しいながら心配してくれてるんだな、と思いました。

テーブルの上には、学校に持っていくはずだったお弁当。母が作ったものを見慣れていたから、父のそれは、とても見栄えがいいものではありませんでした。が、朝早く起きて、慣れない手で一生懸命作ってくれたんだなあと思うと、涙が出てきて、泣きながら全部食べました。

あのお弁当の味と、父のメモは、一生忘れられません。

31歳　女性・京都府

主人は仕事が忙しく、毎日子どもが起きる前に出勤し、寝たあとに帰ってきます。

三歳の息子は、休日にまだ休んでいるパパに、「パパ、会社に行ってくださ〜い」とニコニコ。パパは会社が大好きだから、毎日行っているのだと思っているようです。

たまたま早めに帰宅したパパには「わぁ〜パパ〜!!　いらっしゃ〜い」。

主人は「おまえのオムツ代やお菓子代を稼いでいるのはパパだぞ……」と苦笑い。

また、ママにチューをしてくれたあと、パパにもチュー。しかしパパにしたあとは口をぬぐう……。それでもパパが大好き。一日に何度もパパを思い出しては、「パパ会社か〜」とつぶやいていています。

29歳　女性・兵庫県

一歳五カ月の娘は、朝起きると、「パパー、パパー」と言いながら、パパを捜します。

パパは、月に数回の夜勤業務の日は、帰ってくるのが朝の十時か十一時になります。そのことが理解できない娘は、朝起きてパパがいないことに、がっくり……。

家じゅう捜し終えて、テンションが下がったまま、着替えに朝ご飯。ようやくパパのことも忘れてきて、公園へ!!

遊びに夢中になっているところへパパが帰ってきて、「ひなりー」と言うと、娘は友達を押しのけて、ニッコニコで「パパー」と走っていきます。ギューッと抱っこしてもらい、うれしくてピョンピョンはねる娘。

パパが「先に帰っとくね」と言うと、大泣きして、パパから離れず、私が抱っこしてもダメなのです。

パパ大好き、パパ一番の娘は、先に帰るパパを泣く泣く見送り、いったん公園へ戻っても、テンションは上がらず、すぐに家へ帰ったママと娘でした。

20

父親が、叱《しか》るべきときに、きちんと叱《しか》る

母親と子どもの関係のためにも、とても大切なことなのです

叱《しか》りすぎるお父さんもありますが、まったく叱《しか》らないお父さんもあります。
それは、お父さん自身が、叱《しか》られてばかりで育ってきたので、自分の子どもには、そういう思いはさせたくない、という気持ちかもしれません。

確かに、叱《しか》りすぎは、子どもの自己評価をよけいに下げるので、よくないです。しかし、まったく叱《しか》らないのがよいか、というと、そうは思いません。子どもが自分を傷つける可能性のあること、他人を傷つける可能性のあることは、きちっと叱《しか》るべきです（傷つける、とは、身体的、心理的、社会的、すべてを含《ふく》みます）。

そういうときに、叱《しか》らないのも、また子どもの自己評価を下げます。

たとえば、非行の例で、親が仕事で忙《いそが》しくて、ほとんど子どもにかまうことができなかった、という状況《じょうきょう》があったりします。すると子どもはそれが本当は寂《さび》しくて、ついつい悪いことに手を染めます。

そういうときの、子どもの本当の気持ちは――
お父さんお母さん、私、もう壊《こわ》れかけてるよ、だれか私を止めて
ということです
ちょっとあなた未成年じゃないの!? 待ちなさいっ
今回は未遂《みすい》ですから、このまま帰しますけど
親御《おやご》さんも、じゅうぶん注意してください
本当にご迷惑《めいわく》おかけしました
こんなことでいちいち呼び出されちゃ迷惑《めいわく》なんだよ
こっちも仕事で忙《いそが》しいんだから
そういうときに、きちんと叱《しか》って止めないと――
……
家に帰ってすぐ明日の会議の準備だ
やっぱり自分は父さん母さんにとってどうでもいい存在なんだ
私がどうなってしまってもいいんだ

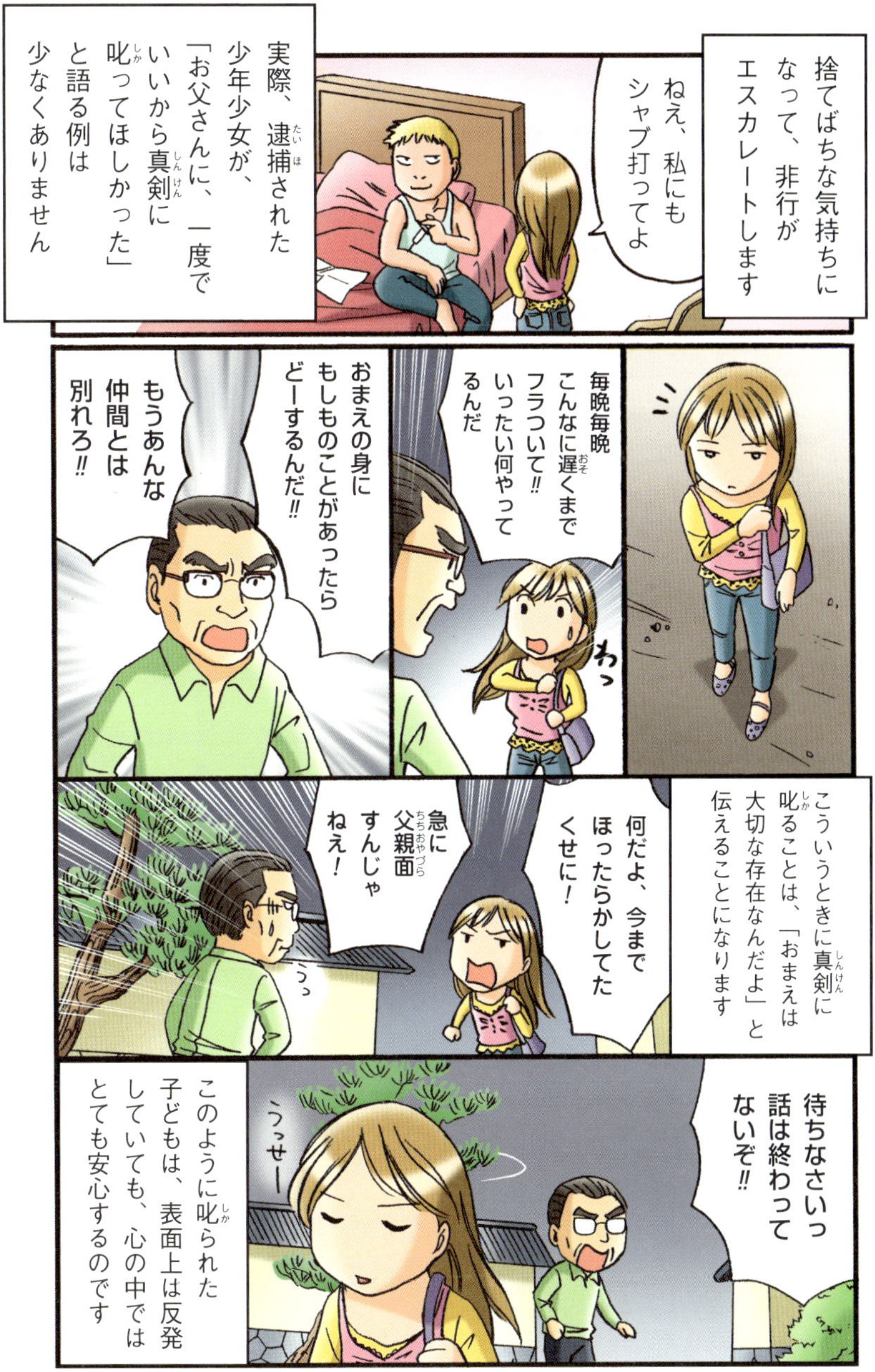
捨てばちな気持ちになって、非行がエスカレートします
ねえ、私にもシャブ打ってよ
実際、逮捕《たいほ》された少年少女が、「お父さんに、一度でいいから真剣《しんけん》に叱《しか》ってほしかった」と語る例は少なくありません
毎晩毎晩こんなに遅《おそ》くまでフラついて!! いったい何やってるんだ
わっ
おまえの身にもしものことがあったらどーするんだ!!
もうあんな仲間とは別れろ!!
こういうときに真剣《しんけん》に叱《しか》ることは、「おまえは大切な存在なんだよ」と伝えることになります
何だよ、今までほったらかしてたくせに!
急に父親面《ちちおやづら》すんじゃねえ!
うっ
待ちなさいっ 話は終わってないぞ!!
うっせー
このように叱《しか》られた子どもは、表面上は反発していても、心の中ではとても安心するのです

×

いったいいつまでゲームしてるの!!
いいかげんにしなさい!!
あなたからもちゃんと注意してよ
なんだ
まだやってるのか
あれ、もうそこまで行ったのか!
ああ!!

また、お父さんが叱《しか》ってくれないと、母親ばかりが叱《しか》ることになり、母子関係がぎくしゃくしてくる、ということもあります。

お母さんのイライラの一つに、お父さんが、子どもをちっとも叱《しか》ってくれない、ということが挙げられます。

お母さんが子どもを叱《しか》るのは、あまり夜遅《おそ》いと、明日起きられないのではないかと心配するからです。そういう心配を共有せずに、逆に「お母さんはヒステリー」扱《あつか》いされると、母親としては、たまったものではありません。

○父親が叱《しか》るべきときに、きちんと叱《しか》る

いつまでゲームしてるの!!
いいかげんにしなさい!!
あなたからもちゃんと注意してよ
おい、もう遅《おそ》いぞ！いいかげんにしろっ
ちぇっ
はーい
おやすみなさーい
はい、おやすみなさい
しぶしぶ

お母さんがヒステリーになるのは、母親の性格というより、父親が子どもを叱《しか》らないために、叱《しか》る役まで、母親に回ってきてしまっていることが大きいのです。

逆に、父親が子どもをきちんと叱《しか》ってくれると、母親は、フォローに回ることもできます。母子関係がぎくしゃくすることもなくなります。

母親は、「包む」役割、優しく子どもを受け入れる役目を持つのに対して、父親は、「切る」役割、厳しくルールを教える役目を持つともいわれます。

もちろん、現代の家族では、父母がきっちり役目を分けるというよりも、父親、母親、それぞれに、両方の役割が必要なのだと思いますが、家庭によっては、父親が不在か、存在感がない、あるいは、優しすぎるために、母親が、父親化せざるをえなくなり、子どもを叱《しか》ってばかりになってしまう。その結果、子どもを受け入れる働きが不十分になってしまっていることが多いように思います。


父親が叱《しか》るべきときに、きちんと叱《しか》る、このことは、子どもがルールを学ぶために必要なだけでなく、母親と子どもの関係のためにも、とても大切なことなのです。

ただ、「叱《しか》る」といっても、大きな声でどなって、張《は》り倒《たお》す、ことばかりとは思いません。むしろ、そういうやり方は、タイミングと相手の受け心を読《よ》み間違《まちが》えると、とんでもない逆効果になります。

いろいろな人に、「どういうふうに叱《しか》ってもらったときに、こたえたか」と聞くと、たいていは、**「自分の気持ちもじゅうぶん聞いてもらって、そのうえで、心配なことを、真剣《しんけん》な眼差《まなざ》しで、こんこんと諭《さと》されたときに、本当に悪かったと思った」**という意見が多いです。

21

体罰《たいばつ》は、子どもの成長にマイナス面が大きい

年老いた親に体罰《たいばつ》を加える人には、子ども時代に体罰《たいばつ》を受けた人が少なくありません

子どもを叱《しか》るときに、体罰《たいばつ》を加えることは、今も多く行われていますし、必要だと思っている親御《おやご》さんも少なくないと思います。

しかし、近年、さまざまな調査から、体罰《たいばつ》は、子どもの成長にマイナス面が大きいことがはっきりしてきました。

たとえば、２００２年、アメリカで体罰《たいばつ》を受けた3万6千人を対象にした調査では、体《たい》罰《ばつ》は、一時的には親の命令に従う「効用」がある一方で、長期的には、

１、攻撃性《こうげきせい》が強くなる
２、反社会的行動に走る
３、精神疾患《せいしんしっかん》を発症《はっしょう》する

などのリスクが高まることが判明しました。

また、日本でも、体罰《たいばつ》を用いて育てられた場合、特に言葉、社会性の発達に、はっきりと後《おく》れが生じることが明らかになりました＊。

そのようなことから、近年、国全体で、体罰《たいばつ》を禁止する国が増えてきています。

体罰によるリスク
・攻撃性が強くなる
・反社会的行動に走る
・精神疾患を発症する
（2002年アメリカ）

＊大阪において、同年に生まれた子ども2,000名を、０歳から６歳まで追跡調査し、乳幼児の心身発達と環境との関係を調べた「大阪レポート」による

体罰《たいばつ》は、なぜいけないのでしょうか。
まず、**体罰《たいばつ》の根本にある考え方は、「間違《まちが》っている人には、たたいてでも知らせなければならない」ということです。**

そのように育てられた子どもは、また、友達が間違《まちが》っていたら、その子をたたいてもいいんだ、と思います。大人から見て、相手に非はないときでも、子どもが、相手が間違《まちが》っていると思ったら、たたきに行きます。その結果、手を出すことが多くなります。

実際、学校現場で、すぐ友達をたたく子の中には、家で体罰《たいばつ》を受けている子どもが少なくありません。
「暴力はいけません」と教えていながら、暴力で争いを解決する方法を教えているのと結果は同じことになるのです。

友達をたたいたらダメじゃないか!!
ほらっこんなに痛いんだぞ！
ごちんっ
間違ってる人はたたいていいんだ

●学校で友達をたたく子には、家で体罰《たいばつ》を受けている子どもが少なくない

また、体罰《たいばつ》の根本にある考え方のもう一つは、「口で言ってわからない者には、体で教えるしかない」ということです。

そのように子どもを育てます。そのうちに、私たちは、年を取り、体の自由がきかなくなり、頭の働きも鈍《にぶ》ります。食事や排泄《はいせつ》も、思うようにできなくなります。子どもに言われてもなかなかそのとおりできません。つまり、赤ちゃんと同じ状態に返っていくのです。

そのとき、体罰《たいばつ》を受けて育った子どもは、親に体罰《たいばつ》を加えます。「口で言ってわからない者には、体で教えるしかない」からです。

「児童虐待《じどうぎゃくたい》」と「老人虐待《ろうじんぎゃくたい》」は、実は、根っこは同じところにあるのです。

こういうことがなくならない最大の原因は、体罰《たいばつ》を、しつけ、教育の手段として、容認する風土があるからです。それが、一方で、悲惨《ひさん》な虐待《ぎゃくたい》を生み出しているのだ、という体罰《たいばつ》の危険性をよくよく知っていただきたいと思います。

体罰《たいばつ》でなくてもしつけは可能です。20章の最後に述べたようなやり方もその一つですし、「タイムアウト」*など、体罰《たいばつ》に頼《たよ》らないペナルティの方法が、いろいろと開発されてきています。ここでは紙数の関係でじゅうぶん述べることはできませんが、われわれは、よりリスクが少なく効果的なしつけの方法を、もっと学ぶ必要があるのだと思います。

*警告しても許しがたい行動を続けたとき、決まった時間（一般には年齢と同じ時間。3歳なら3分）だけ、決まった場所にいさせること

22

父親の不在が、母と息子の密着をつくり、子どもの自立を妨《さまた》げる

父親が、不在がちだと、母親は孤独《こどく》を感じ、不安になります。

それが、育児不安という形をとることもありますが、もう一つ、母親の、子どもへの依《い》存《ぞん》という形をとることもあります。

●子どもが母親の寂《さび》しさや不安を埋《う》める手段になることがある

お父さんはいつも残業で、全然育児を手伝ってくれない……
相談したいこともたくさんあるのに……
この子のことを、ちゃんと考えてあげられるのは私だけなのね……
この子には私しかいないんだわ!!
お母さんにも、あなたしかいない!!
ぎゅっ

子どもが、母親の寂《さび》しさや不安を埋《う》める手段になるのです。特に、男の子の場合は、異性ということもあって、その結びつきは、さらに強いものになります（女の子の場合は、同性ということもあって、逆に反発し合う力が働いて、年ごろになると自然と離《はな》れていくことが多いようです）。

そうなると、男の子が、母親にとって、息子であるだけでなく、頼《たよ》るべき夫の代わりになることもあります。さらに、子どもの側も、敏感《びんかん》な子の場合は、そういう親の期待に全力でこたえようとします。

その結果、子どもは、母親のパートナーであろうとして過剰《かじょう》に母親の機嫌《きげん》を取ったり、母親を守ろうとして背伸《せの》びをしたり、母親を安心させようとして慰《なぐさ》め役《やく》になったりして、母親にとって、まったく手のかからないいい子になることがあります。

要するに、**子ども時代から、大人の役割をせざるをえなくなります。いわゆるアダルトチルドレンです。**

●子どもは、母親を守ろうとして、背伸びをすることがある

あるいは、青年期になっても、そういう役割意識から母親にまったく反抗《はんこう》できず、母親から離《はな》れられない、いわゆるマザーコンプレックスになることもあります。

父親が離婚《りこん》や死別で、いない家は、母親もある意味で覚悟《かくご》を決めて子どもと関わっていますから、そうなるケースは少ないですが、**父親がちゃんといるのに、家庭にいない、そういうことが続くと、母親によっては、その不安や寂《さび》しさに耐《た》えられず、子どもに強く依存《いぞん》してしまうことがあります。**

そうすると、子どもは、何よりも親を傷つけたくないですから、母親から精神的に離《はな》れる（自立する）ことができなくなります。

本来なら母親に向けるべき怒《いか》りや反発もすべて抑《おさ》え込《こ》みますから、別のところで、その怒《いか》りや攻撃性《こうげきせい》を出してくることがあります。それが、すべてとは言えませんが、DV（妻への暴力）や、幼い女の子への暴力へと不幸にして発展したり、あるいは、20歳を過ぎてから、母親への家庭内暴力という形で爆発的《ばくはつてき》に反抗期《はんこうき》が現れたりすることがあるのです。

そのような、いわば、母親の依存《いぞん》から、子どもが脱出《だっしゅつ》できるためのいちばんの方法は、父親が、母親の不安や寂《さび》しさを、しっかり受け止めることです。そうして、母親が安心すれば、子どもも安心して、本来あるべき、母親への反抗《はんこう》や攻撃《こうげき》を出せるようになります。また、父親が子どもに直接関わることで、母親以外の世界や価値観も知ることになります。

そうして、母親から精神的に自立していくことができるのです。

そういう意味でも、父親が、母親を支え、子どもと直接関わることは、子どもの自立のために、とても重要な意義があるのです。

●父親が、母親の不安や寂《さび》しさを、しっかり受け止めると、子どもも安心する

23

妻が、出産後にうつ状態になったら、どう対応すればいいのでしょうか？

Q

◇男性　会社員

２カ月の子を抱《かか》える新米の父親です。最近、妻が、元気がなく、すぐに涙《なみだ》ぐんだり、「子どもの発達が後《おく》れている」と、必要以上に悩《なや》んだりしています。どう対応すればよいでしょうか。

A

出産後、母親にかかる身体的、心理的な負担は、かなりのものです。誕生後しばらくは、赤ちゃんに昼夜の区別はなく、夜でもしょっちゅう起こされます。ほとんどのお母さんが睡眠《すいみん》不足《ぶそく》になります。

それだけでなく、24時間、気の休まる間もなく、授乳、おむつの取《と》り替《か》え、沐浴《もくよく》、泣いたら抱《だ》っこ、あやす、の繰《く》り返《かえ》し。さらに初産《ういざん》ともなれば、毎日毎日が、未経験のことばかりです。

身近に聞く人があればいいですが、核家族《かくかぞく》で昼間、子どもと2人だけの場合、「何で泣くのかわからない」「こんなとき、どうすればいいかわからない」などと、不安と緊張《きんちょう》の中で押しつぶされそうになります。比較的《ひかくてき》夜泣きもなく、手がかからない子もありますが、かんしゃくや夜泣きがひどく、とても手がかかる子どももあります。そういう負担に疲《つか》れ切《き》って、うつ状態になってしまうお母さんも少なくありません。

そういうときに、**まず必要なのは、夫が、家事、育児を分担して、妻の負担を軽減する、ということです。**

せめて、夜は、妻の睡眠《すいみん》が確保できるよう、別の部屋《へや》に寝《ね》かせ、夜泣きは夫が対応する。場合によっては、実家の応援《おうえん》を求めたり、妻の実家にしばらく子どもと一緒《いっしょ》に帰す、ということも必要になることがあります。

出産後のうつ状態には、大きく分けて、マタニティブルーズ、と、産後うつ病、があります。

(1) マタニティブルーズ

マタニティブルーズとは、出産直後から、主に出産後3～5日をピークにして現れるもので、**約半数の母親が経験します。**

ささいなことでも泣いてしまう、気分が落《お》ち込《こ》む、不安、集中できない、不眠《ふみん》、食欲《しょくよく》不《ふ》振《しん》、頭痛などの症状《しょうじょう》が1週間から10日続きますが、自然によくなることがほとんどで、医学的な治療《ちりょう》は不要です。出産によるホルモンバランスの急激な変化と、出産という大仕事を終えて疲《つか》れがどっと出ること、今後の育児の不安などが関係しているといわれます。

とにかく無理をさせず、夜もゆっくり眠《ねむ》れるように配慮《はいりょ》する。入院中、母子同室で母乳《ぼにゅう》哺育《ほいく》を希望していても、疲れがひどく眠《ねむ》れないようなら、しばらく、子どもを預かってもらうことも考えます。

夫が、妻を叱咤激励《しったげきれい》しないで見守ること、ささいな心配ごとでも話を聞き、「大《だい》

丈夫《じょうぶ》、大丈夫《だいじょうぶ》」と安心感を与《あた》えていくことで、自然に回復してくることが多いです。

(2) 産後うつ病

それに対して、産後うつ病とは、出産後数週から数カ月以内に発症《はっしょう》するうつ病で、**10人に1人は、1度はこういう状態に陥《おちい》る**といわれています。

気分が落《お》ち込《こ》み、悲観的になる、やる気が出ない、不眠《ふみん》、食欲不振《しょくよくふしん》、など、ふつうのうつの症状《しょうじょう》以外に、訴《うった》えとして、「赤ちゃんの具合が悪い」「母乳の飲みが悪い」「発達が後《おく》れている」などの、子どもについてのマイナスなとらえ方をしたり、

「赤ちゃんに愛情がわかない」

「母親としての資格がない」

「赤ちゃんの世話ができない」

など母親として過度に自分を責めたり、自信のなさを訴《うった》えることもあります。

母乳の飲みが悪い……
この子はどうやって育てればいいの……

これは、ふつうの育児《いくじ》疲《づか》れと区別がつきにくいので、産後うつ病は、発見が遅《おく》れがちです。産後うつ病は、放置していると、数年にわたって症状が続き、その中で、母子相互作用《ぼしそうごさよう》の成立に支障を来《きた》すこともあります。

産後うつ病の発見には、エジンバラ産後うつ病質問票が参考になります。

エジンバラ産後うつ病質問票

（チェック）

①「いろいろなことがおもしろくなくなり、笑うことができなくなった」……□
②「いろいろな楽しいことを心待ちにできなくなった」……□
③「ものごとがうまくいかないとき、自分を必要以上に責めた」……□
④「何となく不安になったり、心配したりした」……□
⑤「何となく怖《こわ》いと感じたことがあった」……□
⑥「することがたくさんあって、うまく対処できなかった」……□
⑦「気分が落《お》ち込《こ》んでいたために、眠《ねむ》りにくかった」……□
⑧「悲しくなったり、惨《みじ》めになったりした」……□
⑨「幸せでないと感じて、泣いたことがあった」……□
⑩「死んでしまいたいと思ったり、自分を傷つけるのではないかという考えが浮《う》かんできたりした」……□

当てはまる項目《こうもく》が多い場合は、産婦人科医や、保健師さんに相談し、適切なケアを開始する必要があります。

まず、母親への精神的なサポートと、家事、育児の負担を軽くして、できるかぎり休養を取らせる。不眠《ふみん》やうつが強い場合は、薬による治療《ちりょう》が必要なこともあります。

そんな中で、**何より大切なのは、夫の支えです。**

「おまえは育児が下手だ」「母親なんだからやって当たり前」「おれは仕事で疲《つか》れているんだ」などと言い続けると、最悪の場合、母子心中にもなりかねません。

そうではなく、**じゅうぶんに話を聞き、家事育児の負担を軽くし、**

「がんばったから疲《つか》れが出たんだよ」

「無理しないで休めばいいよ」

「子どもは、順調に育っているから

心配しないで大丈夫《だいじょうぶ》だよ」

「必ず元気になれるよ」と、

安心感を与《あた》える言葉かけをしていけば、

少々時間はかかっても、

必ずよくなっていくと思います。

×
うるさくて、テレビが聞こえないよ。早く泣きやませてよ
オロオロ
ほぎゃー
でもお隣《となり》の子も小さいけど、泣いているところ見たことないよな
妹の子だって……
うちの子だけなんでこんなによく泣くんだ？
わぁんわぁん
おまえの育児がヘタなんじゃないか？
びー

○
なかなか泣きやまないねー
オロオロ
ほぎゃー
同僚《どうりょう》の家も一度泣きだすと、たいへんらしいよ
どの家でも同じだからしかたないよな
ほぎゃー
じゃ、一度ぼくがあやしてみるよ
ぎゃー
よしよし
ほぎゃー
とんとん

24

子どもが思春期になったら

お父さんならではの出番は何か

子どもが思春期に入ると、なかなか親には話をしてこなくなります。ただ、子どもが話をしてこないからといって、親もほったらかしでいいのかというと、そういうわけではなさそうです。

さしあたって、お父さんならではの出番は何かというと、将来の進路についての話ではないかと思います。

子どもは、大きくなるにつれて、どの学校に進むか、どういう仕事に就くか、いろいろと悩《なや》み始《はじ》めます。

そういうときに、社会経験の豊富なお父さんが、一緒《いっしょ》に考えていく、時には、いろいろな情報を探してきて提供する、そういうことは、子どもにとっても、父親も自分に関心を持ってくれていると思えて、とてもうれしいことだと思います。

思春期といっても、まだまだ体験してきた世界は狭《せま》いです。そんなとき、お父さんが提供してくれる、さまざまな情報は、とても参考になるのではないかと思います。

ただ、そのときに、気をつけなければならないことがあります。**進路や仕事については、あくまで情報を提供するだけ、最後に進路を決めるのは、**子どもだ、と、肝《きも》に銘《めい》じておくことです。

父親としては、どうしても、子どもに、この学校に行ってほしい、とか、この仕事に就いてほしい、と期待してしまいます。そういう願いを持つこと自体は決して悪いとは思いませんが、それが押《お》しつけ、強制になってはいけない、ということです。

✕ 子どもに、進路や仕事を押《お》しつけてはいけない

医者なんかどうだ？ りっぱな仕事だぞ
へー 医者かあ…… かっこいいかも
矢武病院
父さんの知り合いでな、医者をやっている人がいるんだ。
ちょっと話を聞きに行こう
ずるずる
あった、ここだ ここだ
……
ほら、何やってるんだ。医者になるにはこの学校がいちばんいいんだぞ
ホレ、学校の資料
ヤブ先生も言っていただろう。
マンガなんか読んでるヒマないぞ
オレやっぱり医者は……
何としてもこの学校に入るんだ
おまえのために言っているんだぞ

なぜなら、強制されたことには、自分で責任を持つことができないからです。子どもが、自分で決めたことなら、どういう結果になろうと、子どもは自分で責任を執《と》らざるをえないし、それなりに納得します。しかし、人に決められたことだと、もしその結果がよければ問題はないかもしれませんが、もし不幸な結果になった場合、決めた人を恨《うら》みます。そして、「自分がこんなになったのは、だれだれのせいだ」とその人を責めます。それは、ある意味で当然のことだと思います。

●強制されたことには、自分で責任を持つことができない

試験試験の連続で
クラスメートはみんな敵
遊ぶヒマもなければ彼女もない!
それもこれもみんな、りっぱな医者になるためだ!!
あはは
うふふ
君、どうして医者になろうと思ったの? 向いてないよ
あきらめたほうがいい
がーーん
こんなことになったのはみんなおやじのせいだ
オレの青春を返せー!!

中には、親が決めておいて、「いや、子どもも最終的に同意したんだから」と、子どものせいにする人もあります。しかしその場合、ちゃんと子どもが自分の意見を言える雰囲《ふんい》気《き》であったかどうかということです。子どもは、なかなか親に自分の意見を言えません。親に対する気遣《きづか》いもありますし、お金を出してもらっているという弱い立場でもあります。

親の願いや心配は伝えてもいいですが、子どもの気持ちもじゅうぶんに聞いて、本当にこれでいいのか、何度も確認して、そのうえで決めることが大事だと思います。

○子どもの気持ちをじゅうぶん聞いて、進路を決めることが大事

父さん、オレ介護福祉《かいごふくし》とかどーかなって思ってるんだけど……
そうか、しかし医者のほうが経済的には恵《めぐ》まれるぞ
お父さんも医者のほうが安心だ。若いうちはお金のことなんて考えないかもしれんが、おまえもやがて妻子を持つようになったら……
でもオレ、医者は嫌《いや》だよ
わかった。じゃあ今度介護福祉《かいごふくし》の仕事について調べてくるよ。父さんも知りたいし
そのうえでまた方向が変わったら言いなさい
おまえの人生だ。好きなことをしなさい
父さんはおまえを応援《おうえん》するよ

●自分で決めたことならば、納得できる

来る日も来る日も入浴と食事の介助《かいじょ》やオムツ交換《こうかん》の連続……
自分で決めた仕事とはいえ、たいへんだなあ……
オレ介護福祉士になる！
失敗はするし、怒《おこ》られるし
オレの人生これでよかったのかなあ……
ありがとうねえ
あんたが来てくれるようになって、ワシも毎日が楽しくなってきたわい

25

父親が、不登校の娘を理解しようとしません

◇女性　主婦

中学3年の長女が不登校になって、2カ月になります。子どもの話をよく聞いてみると、いろいろとつらいことをがまんしていたことがわかりました。母親の私も、反省することも多々あり、そんな中で、私と娘は、かなり、会話ができるようになりました。しかし、父親は、ふだん子どもと接していないせいか、いまだに、「いつになったら学校へ行くんだ、いいかげんにしろ！」と子どもを責めたり、「おまえが甘《あま》やかしてるから、いつまでたっても行こうとしないんだ！」と私を責めたりしてきます。父親にはどうわかってもらったらいいでしょう。

A

ふつうの親であれば、まず、子どもが学校に行かなくなったら、「甘《あま》えている」とか、「わがままだ」と思うのが、ある意味で当然といえます。偉《えら》い大臣や、教育に関わる専門職といわれる人の中でさえ、今でもそう言う人がいるくらいですから、ましてや不登校の子どもと接したことのない、お父さんがそのように思われるのは無理もないです。まずは知識不足が主な原因ですから、いろいろな本を読んでもらったり、子どもの気持ちを伝えたりして、正しい知識を持ってもらうことを心がけたらよいと思います。

しかし、お父さんの中には、理解を求めようとすると、それを拒《こば》んだりして、あくまで考えを変えようとしないお父さんもおられます。そういうお父さんの気持ちは、だいたいこうです。

自分だって、苦しい中
がんばって仕事に行ってるんだ!!
子どもの仕事は
学校へ行くことだろう!
仕事を一生懸命している
おれをそっちのけにして
学校へ行かない子どもに
かかりっきりになるなんて
どういうことだ!!

はっきり言って、少々、
やきもちも入っているのですが、
その気持ちはわからないでもありません。
とにかく、お父さんも、毎日、気力を振《ふ》り絞《しぼ》って、
仕事に行っている、それをわかってほしいのです。

ですから、そういうお父さんには、まず、
しっかり苦労をねぎらってあげることが大切です。

自分を責める夫なんて、ねぎらいたくもないわ！というお母さんもたくさんおられると思いますが、そう言われると、これ以上話が続かないので、便宜上《べんぎじょう》、こういう奥《おく》さんがおられたら、ということで、話を続けます。

じゅうぶん、ねぎらいの言葉をかけたうえで、実は、子どもが……と言うと、案外、お父さんは、聞く耳を持つことが多いです。

そんなときは、ひととおり聞くと、お父さんの側も、「おまえも、毎日、子どもの相手をしてたいへんだな」とねぎらってくれるはずなのですが、いくら待っても、そういう言葉がない場合は……。

ご苦労さま。
はい、お茶
ん
何にも
反応《はんのう》がないな……
お父さんには悪いわね。
独りでがんばって
働いてもらって
子どもがこうでなければ、
私も働きに出るんだけど
いや、おまえは、今は
しっかり子どもの相手を
してくれたらいいよ
それだけでも
たいへんなん
だから
よし、いい調子
もう
ひとがんばり
にっ

そうなのよ、
確かにたいへんなのよ
だからたまには
自分にご褒美《ほうび》のつもりで、
今度ゆっくり
コンサートにでも
行こうと思ってるんだ
そうか、行ってこいよ。
ぼくも少し出資しようか
えーっ、
いいのー！
ありがとー♡
お父さんって
太っ腹ー!!
そうかー？
はっはっはっ
というわけで、
しっかり、
おこづかいもゲット♡

こんなに理想的に行く場合は、まずないですが、「どうして、子どものことをわかろうとしないの！ 父親なのに」と夫を責めて、夫婦げんかを繰《く》り返《かえ》すのとは、また別のやり方もある、ということです。

26

「お父さん、生きていてほしい！」子どもが、最後に願うこと

お父さんに、妻や子どもが願っていること、種々述べてきましたが、現状で、できることとできないことがあると思います。

それは、その家その家で、話し合っていかれたらよいと思いますし、ここに書いたこと全部やれと言っても、現実には、とってもムリ！というところもあると思います。

とりあえず、できるところからぼちぼち、やっていく、そのための一つのヒントとして読んでいただければよいと思います。

しかしそれでも、お父さんたちに、これだけは、お願いしたいことがあります。

それは、唐突《とうとつ》ですが、生きていてほしい、ということです。

平成10年以降、日本における自殺者の数は、毎年3万人を超《こ》えています。これによって、親を自殺で失う子ども（20歳未満）は、毎年約1万人出現しています。

平成12年の統計では、親を自殺で失った20歳未満の子どもの全数は、なんと9万人に上《のぼ》ります。＊

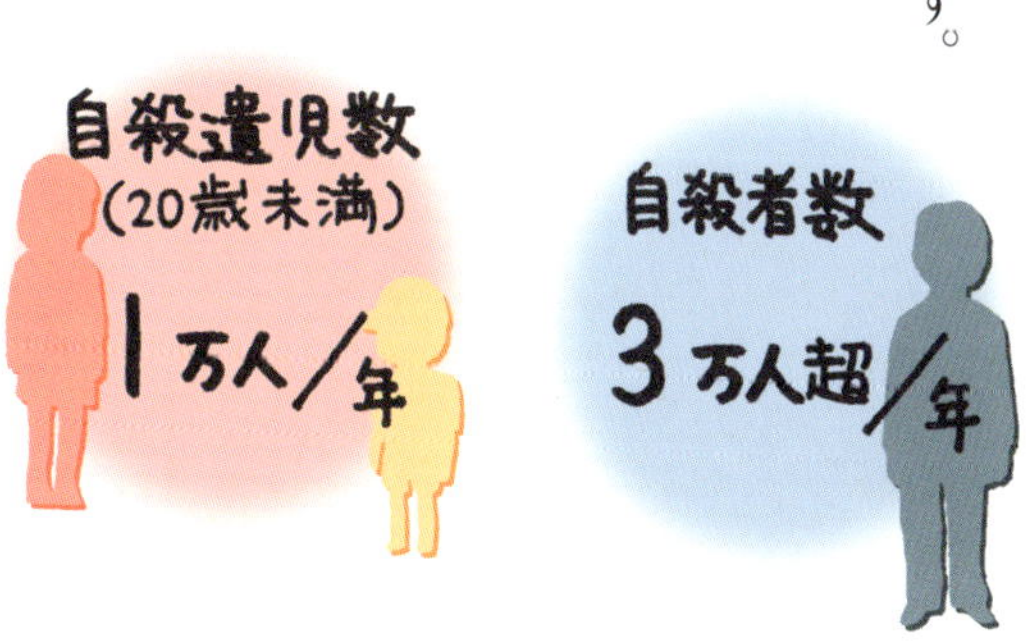
自殺遺児数
（20歳未満）
1万人／年
自殺者数
3万人超／年

＊自死遺児編集委員会・あしなが育英会編『自殺って言えなかった。』（サンマーク出版）所収の副田義也氏の調査による

男性の自殺は、全体の7割を占《し》めますから、父親を自殺で失った子どもは、その7割、6・3万人ということになります。

父親を自殺で失った子どもが、どういう気持ちを持つのか、私の経験した、あるケースを通して、知っていただきたいと思います。

ある日、診察中《しんさつちゅう》に警察署から電話がかかってきました
RRR
うつ病で通院していた男性の患者《かんじゃ》さんが
自宅の車庫で首を吊《つ》って亡くなられた、というのです

精神科医をしているかぎり、患者《かんじゃ》さんの自殺は、避《さ》けては通れないことです
しかしそれでも実際に遭遇《そうぐう》すると、まるで強烈なボディブローを受けたように、しばらくは、立ち直ることができません
数日して、奥《おく》さんが挨拶《あいさつ》に来られました
どうもお世話になりました
そして、そのとき、自殺の第一発見者が中学2年の娘さんであったことを聞かされたのでした

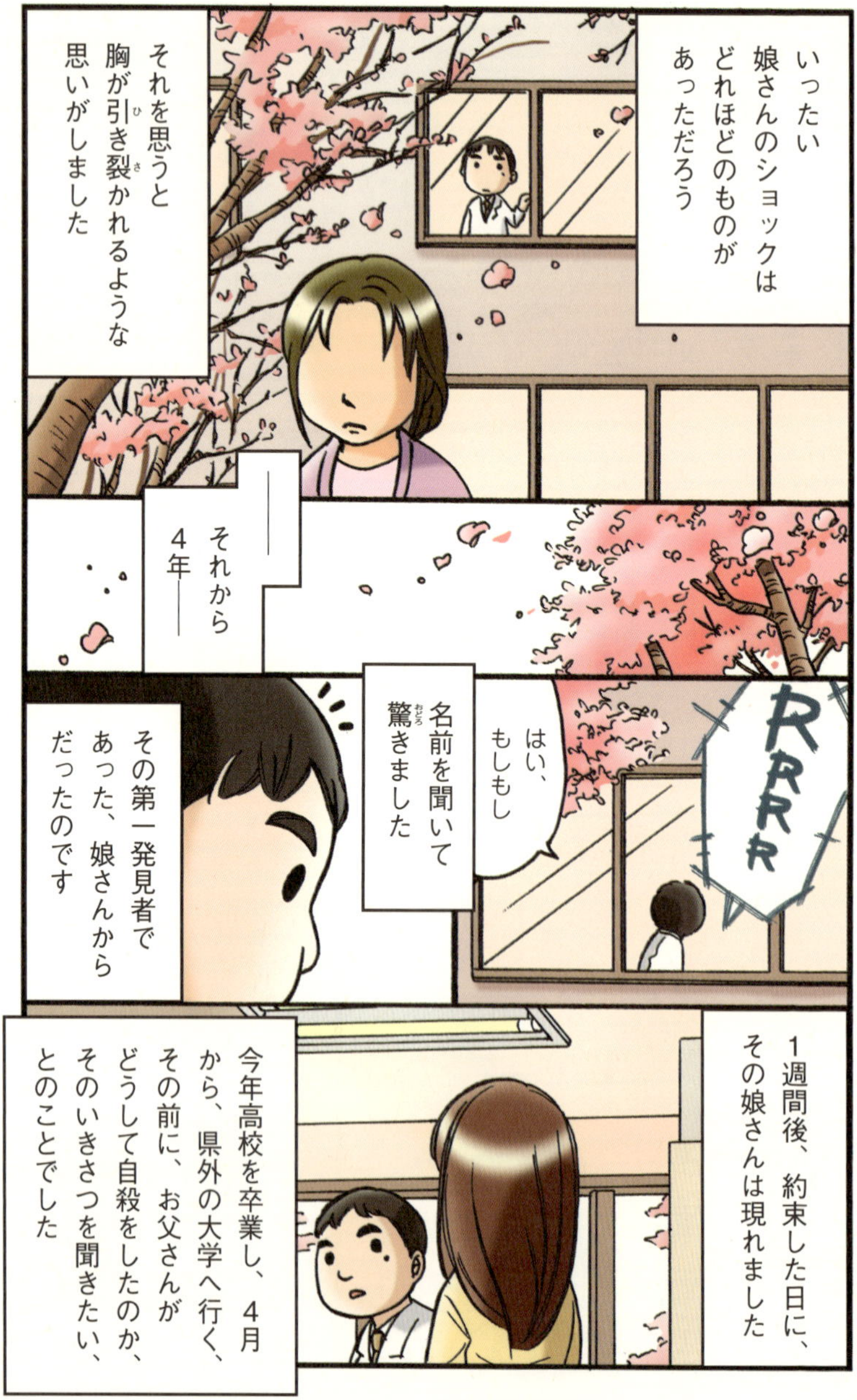
いったい
娘さんのショックは
どれほどのものが
あっただろう
それを思うと
胸が引《ひ》き裂《さ》かれるような
思いがしました
――それから
4年――
RRRR
はい、
もしもし
名前を聞いて
驚《おどろ》きました
その第一発見者で
あった、娘さんから
だったのです
1週間後、約束した日に、
その娘さんは現れました
今年高校を卒業し、4月
から、県外の大学へ行く、
その前に、お父さんが
どうして自殺をしたのか、
そのいきさつを聞きたい、
とのことでした

お父さんは、
ある中小企業の
営業部長を
していました
社員は
30人そこそこの
小さな会社でしたが、
技術力を生かして、
業績を上げ、
社長の片腕《かたうで》として、彼は、
会社を縁《えん》の下で
支えていたのです
ところが、社長が、無理な投資に
失敗したことがきっかけで、
ある時期から、次第に業績
が悪化していきました
当時、日本全体で
リストラが進み
どの会社も生き残りをかけて
必死で闘《たたか》っていた時期でした
彼は、土日も休まず、
取引先を駆《か》けずり回《まわ》り、
何とか経営を立て直そう
としましたが
一度失った信用は
容易に戻《もど》らず、
業績はさらに
悪化していきました

どなる社長と、不安な社員の間で、板挟《いたばさ》みの中
彼は、次第に夜、眠《ねむ》れなくなってきたのでした
そうして、私の病院を訪れたときには、うつ病の初期症状《しょきしょうじょう》が、出ていたのです
私は休職を勧《すす》めましたが
今、休むわけにはいかないんです。会社のためにも家族のためにも
とにかく無理をしないことと、薬をしっかりのむことを指示して、次回の予約を取りました
その後、彼は、定期的に通院していましたが、
病状はなかなか好転せず
一進一退の状況《じょうきょう》が続いていました

そんなある日、彼から、
診察中《しんさつちゅう》に突然《とつぜん》電話が
かかってきました
先生、もう
ダメです
と、とにかく、一度、病院に来て、
話を聞かせてください
夜遅《おそ》く、病院に現れた彼から、
たいへんな出来事《できごと》を聞かされました
彼は、会社を立て直す
ための資金確保のため、
最後の手段として、
社員一人一人に頼《たの》み
込《こ》み、一人につき
100万円、会社に
貸してくれと頼《たの》んで
回っていました
社員も、彼の必死の
頼《たの》みに感じて、
もう一度がんばろうと、
お金を出してくれました
そうして、ようやく、
まとまったお金が
できたと思ったとき
のことでした

そのお金をすべて持って、社長が、姿を消してしまったのでした
彼が、その日、社長室に入り、空《から》っぽになった金庫を見たとき、すべてが終わったことを知ったのでした
これは、決してあなたの責任じゃないんですから、警察に届ければ大丈夫《だいじょうぶ》ですよ
そしてあなたはゆっくり休むことが大切なんです。どうかすぐ入院してください
いいえ、私にはまだ残った仕事がありますから……
それが終わったら入院します……

診察《しんさつ》のあと、私は、彼の自宅に電話をし、奥《おく》さんに伝えました
ご主人はとても危険な状態です
入院が必要な状態なんです。
奥《おく》さんからもぜひ説得してください
奥《おく》さんは、会社であったことをまったく聞かされていませんでした
ええっ本当ですか⁉
そういえば、さっき家に帰ってきたとき、いつもと様子が違《ちが》いました
いつも遅《おそ》くまで帰らないのに、今日は早く帰ってきて……
ぱちん
あー！もうお父さんやめてよ！
靴下《くつした》、ほんっと汚《きたな》いんだから‼
また置きっぱなし！

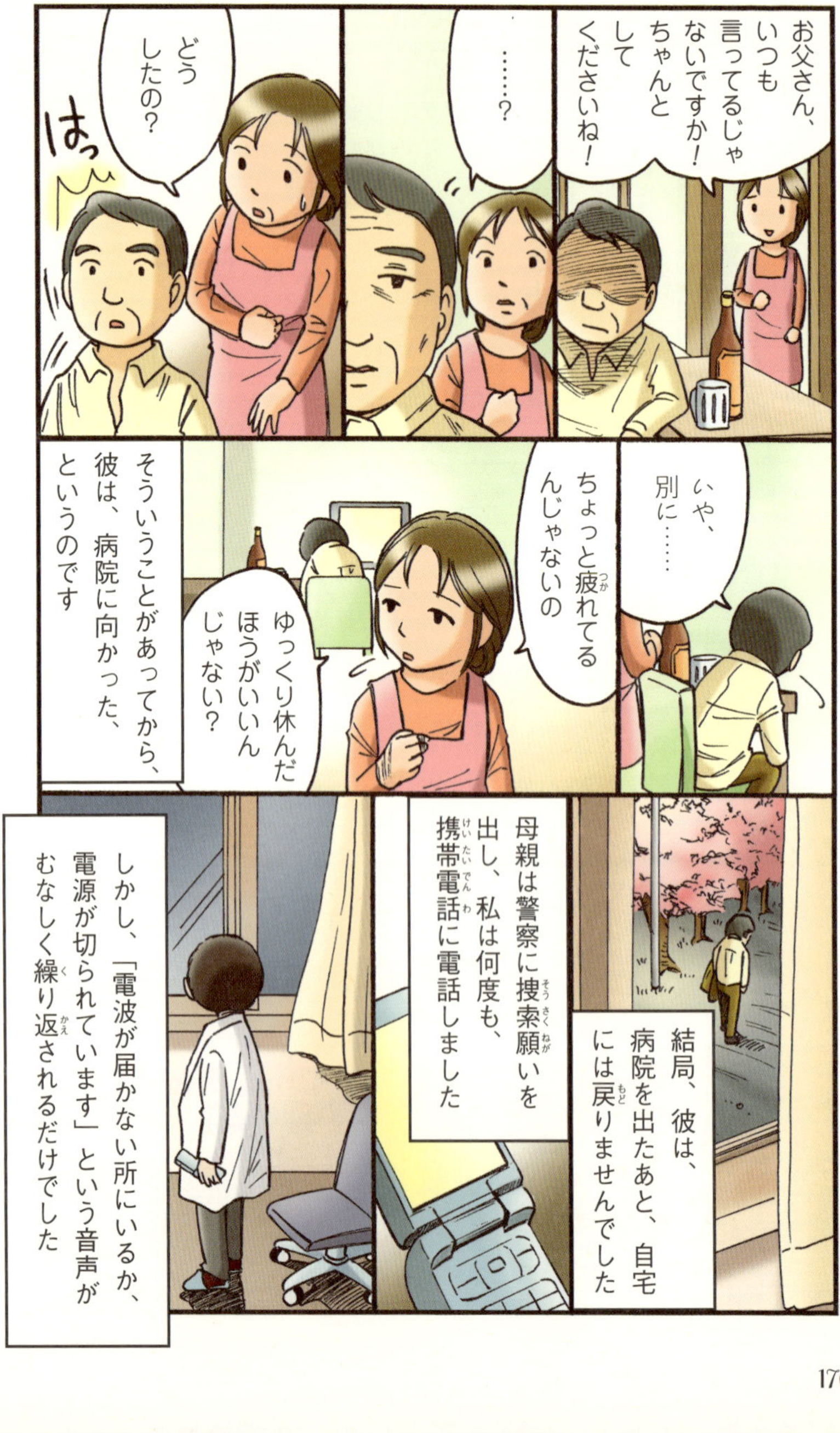
お父さん、いつも言ってるじゃないですか！ちゃんとしてくださいね！
……？
はっ
どうしたの？
いや、別に……
ちょっと疲《つか》れてるんじゃないの
ゆっくり休んだほうがいいんじゃない？
そういうことがあってから、彼は、病院に向かった、というのです
結局、彼は、病院を出たあと、自宅には戻《もど》りませんでした
母親は警察に捜索願《そうさくねが》いを出し、私は何度も、携帯電話《けいたいでんわ》に電話しました
しかし、「電波が届かない所にいるか、電源が切られています」という音声がむなしく繰《く》り返《かえ》されるだけでした

そして、翌朝、娘が
学校に出かけようとして
車庫に入ったとき
変《か》わり果《は》てた父親の姿を
発見したのでした
ひらっ
お父さんは
精いっぱい
がんばって
いたんだよ
それは会社のためも
あるけれど
家族のために、何とか
家計を支えなければ、
という思いもあったと思う
あなたもものすごく
つらい思いをしたと
思うけれど、
お父さんも、
本当に
つらかったのだ、
ということを
わかってあげて
ほしい
それから1週間ほどして、
1通の手紙が届きました。
娘さんからのものでした

「先生、先日は、ありがとうございました。突然《とつぜん》おじゃましてすみませんでした。

でも、お話を聞かせてもらって、本当によかったと思っています。


あの日、車庫で父を見つけたとき、最初、何が起こったのかわかりませんでした。頭が真っ白になり、パニックになって、泣きながら、家に駆《か》け込《こ》んだのだけは覚えています。

それから、お通夜があって、お葬式《そうしき》があって、そのときのことはあまり覚えていません。

ただ、お葬式《そうしき》のとき、みんなは、つらかったね、悲しかったね、と声をかけてくれましたが、正直、私はどう答えていいかわかりませんでした。きっと、これがどういうことなのか、私自身もそのとき、受け止めきれていなかったのだと思います。

それからしばらくして、少しずつ現実が見えてきて、そのときに私の心の中に浮《う》かんできたのは、悲しみではなく、怒《いか》りでした。

どうして、自分だけ死んだのか。残された私たちはどうなるのか。お母さんを、こんなにひどい目に遭《あ》わせて、なんてひどいことをするのか。

お母さんのげっそりとやつれた顔を見るたびに、死んでいったお父さんに、申し訳ないけど、腹が立ってしかたありませんでした。

しばらくして、学校に復帰しましたが、自殺、ということは、身近な親戚《しんせき》以外には、内緒《ないしょ》にしていたので、そのことでも、とてもつらい思いをしました。友達に会うたびに、「たいへんだったね」という言葉の後に、「どうして亡くなったの？」と聞かれ、言葉に詰《つ》まりました。「自殺」と言えないので、「病気」と言っていましたが、いつ、本当のことがばれないかと、いつもびくびくしていました。

なるべく、友達と深い会話はしないようになり、一人で過ごすことが多くなりました。寂《さび》しくなるたび、これも、全部、お父さんのせいだ、と事あるごとに恨《うら》んでいました。

その後も、学年が変わり、新しい友達ができて、お父さんのことを聞かれるたびに、うそをつかなければなりませんでした。

いっそ、自殺じゃなくて、他の病気で死んでくれたらよかったのに、とどれだけ思ったかわかりません。今考えると、そんなこと思っちゃいけないい、って思うんですが、それでも、そのときは、そうとしか思えなかったんです。

それからだいぶたって、私も少しずつ、大人になって、お父さんの気持ちも、少しずつわかるようになってきました。お父さんへの腹立ちも、前ほどは思わなくなってきました。お母さんのことも、最初は、お母さんまで死ぬんじゃないかとすごく心配だったけど、今は、元気に働いています。

それで、今回、先生に話を聞こうと思ったのは、今回、県外の学校に行くにあたって、お父さんのことを、ちゃんと自分の中でキリをつけたいと思ったからです。考えてみると、

私もお母さんも、お父さんがどうして死ななきゃならなかったのか、お父さんがどういう気持ちだったのか、意外と知らないことに気がついたんです。

話を聞かせてもらって、お父さんも、とてもつらかったこと、決して、望んで私たちを置いていったわけではないこと、お父さんなりに、私たち家族を愛してくれていたことを知りました。それでも、どうして、という気持ちは正直あるけれど、前よりは、お父さんを、少しは許せるような気がします。

先生、時間とって、話をしてくれてありがとう。

でもね、それでも、私、もう一つ、これだけは、お父さんに言いたかったことがあるんです。

お父さん！
どうして死んじゃったりしたの？
会社が倒産《とうさん》してもいい、リストラされてもいい、
生きてて欲しかった！
死んでほしくなかった。生きてて欲しかった。
お父さん、どうして死んじゃったりしたの？

お父さん!!
ねえ、お父さん、お父さん……。

これから私は、県外へ行くけれど、将来、できたら、お父さんと同じような病気で悩《なや》む人を助けられるような仕事に就けたらと思っています。
先生、時間とって話してくれて、本当にありがとう」

私はこれを見て、涙《なみだ》が止まりませんでした。
そして、お父さんを助けられなかった分、彼女がもし今後の人生で困ったことがあったら、できるかぎりの応援《おうえん》をしたいと、思ったのでした。

父親として、企業人《きぎょうじん》として、いろいろな板挟《いたばさ》みの中で、死を選びたくなることがあるかもしれません。しかし、そういうときには、どうか残された家族のことを、もう一度考えてみてほしい。そして、決してすべての希望が消えているわけではないことを知ってほしい。

お父さん、生きていてほしい。
これが、子どもたちの、家族の、最後の願いです。

あとがきにかえて
～Dr.明橋の育児日誌

『ハッピーアドバイス』シリーズの愛読者カードを見ていて、よく見かける感想の一つが、「二十年前（三十年前？）に、この本が出ていたらよかったのに……」というものです。

すでに子どもが大きくなった親御《おやご》さんにとっては、
「こういうふうに育てればよかった」、
今育児をしている親御《おやご》さんにとっては、
「こういうふうに自分も育ててほしかった」、
いずれもありがたい感想なのですが、今回の本は、私自身が、「これが、二十年前に出ていたら、こんな○○にはならなかったのに……（○○は自由にご想像ください）」と口惜《くちお》しくなります。

原稿《げんこう》をひととおり書き上げて、妻に見せたところ、珍《めずら》しく（？）おほめの言葉。

「ずいぶん、勉強したじゃない。何も言うことないわ」

気をよくして、私も一言。

「ありがとう。二十年前に、この本が出ていれば、よかったね！」

「まったくだっ！」

「そんなことないわよ。あなたは、じゅうぶんやってくれたわ」とまでは言われなくても、少しはフォローの言葉を期待していた私が、まだまだ反省が足りないということでした。


実際、私の家では、子どもが小さいときこそ、妻が看護師で夜勤もあった関係で、かなり私が子どもの世話をしていましたが（当時は、私のほうが仕事が暇《ひま》で、保育園のお迎《むか》え、晩ご飯、風呂《ふろ》を担当していたのです）、私が忙《いそが》しくなってからは、毎日、家に帰るのが、子どもが寝《ね》たあと、家のことはほとんどできなくなっていきました。

そんな中、私の育児本が書店に並ぶようになったのですが、子どもたちは、(見逃《みのが》さないで! 子どもの心のSOS、という私の本のコピーをもじって)「見逃《みのが》してるよ、子どもの心のSOS」と言ったり、「お父さん、ちっとも家にいないくせに、さも子どもの心がわかったようなこと書いてる!」とか、口々にブーイングの嵐《あらし》でした。

そんな昨年、「パパのためのハッピーアドバイス」という本の企画《きかく》が出たのですが、正直言って、自分にはとっても書けない、これは断ろうと思いました。

ところがそのとき、後ろを押《お》してくれたのは、意外にも上の娘でした。いわく、「お父さんの失敗を、本にしたらいいいんじゃないの」。

「……」

しかし、けっこう、その意見は説得力があって、妻も下の娘も、そうだそうだと賛成し(再び「……」)、そういうわけで、この本が出ることになったのです。

ですから、私も偉《えら》そうなことは言えません。ただ、これを手にとったパパが、二十年後に、ああ、この本があってよかったな、と思ってもらえれば、私としては、これに過ぎたる幸せはありません。

最後に、そんなお粗末《そまつ》な父親の下にでも、生まれてきてくれた、二人の娘に、心から感謝します。

明橋《あけはし》 大二《だいじ》

これ、お父さんにあげるんだ!

〈イラスト〉

太田　知子（おおた　ともこ）

昭和50年、東京都生まれ。
イラスト、マンガを仕事とする。

著書『子育てハッピーたいむ』①〜③
『りんごちゃんと、おひさまの森のなかまたち』①〜⑤
『HSC子育てあるある　うちの子はひといちばい敏感な子！』

最近、３歳の娘に彼氏ができました。

お父さんは心配性です。

〈著者略歴〉

明橋　大二（あけはし　だいじ）

心療内科医。専門は精神病理学、児童思春期精神医療。
昭和34年、大阪府生まれ。京都大学医学部を卒業し、
現在、真生会富山病院心療内科部長。
児童相談所嘱託医、NPO法人子どもの権利支援センター
ぱれっと理事長、一般社団法人HAT共同代表、
富山県虐待防止アドバイザー、
富山県いじめ問題対策連絡会議委員として、
子どもの問題に関わる。
著書『なぜ生きる』(共著)、
『子育てハッピーアドバイス』シリーズ、『みんな輝ける子に』
『見逃さないで！ 子どもの心のSOS　思春期に がんばってる子』
『心の声に耳を傾ける
親と子の心のパイプは、うまく流れていますか？』など。
訳書『ひといちばい敏感な子』など。

● 明橋大二ホームページ　http://www.akehashi.com/

忙しいパパのための
子育てハッピーアドバイス

平成19年(2007) 11月7日　第1刷発行
平成31年(2019) 2月6日　第63刷発行

著　者　明橋　大二
イラスト　太田　知子

発行所　株式会社 1万年堂出版
〒101-0052　東京都千代田区神田小川町2-4-20-5F
電話　03-3518-2126
FAX　03-3518-2127
https://www.10000nen.com/

印刷所　凸版印刷株式会社

 ISBN978-4-925253-29-1　C0037

こんな毎日のくり返しに、どんな意味があるのだろう？

◎36歳・男性・公務員

読み終わった後、なぜか熱いものがこみあげてきました。「人生とは」「生きるとは」。自問自答してしまいました。

この本に出会うことができてよかったです。これからの人生、一日一日を精一杯生きていきたいと思います。

◎31歳・男性・会社員

この本を読み終わって、「あの時、死なないでよかった」と、つくづく思いました。今までフラフラとしていた思いが、ガチッと固定され、目をそむけずに生きていける自信ができました。このような本を用意してくださったことに、感謝しています。

◎47歳・男性・会社員

二十四年間、会社で働き、なおかつサービス残業による過労につぐ過労で、体をこわし、その上、リストラされて自暴自棄になっていた時に、この本に出会いました。自殺を覚悟していた自分に、生きる望みを与えてくれた一冊です。

◎33歳・男性・会社員

「生きる」ということに真正面から向きあって書かれてある、数少ない本だと思う。私は今まで「人生の目的」などということを考えずに生きてきたが、この本を読んで大いに考えさせられた。